AF413221

Agustín Moreto y Cabaña

La fuerza de la ley

Barcelona **2024**
Linkgua-ediciones.com

Créditos

Título original: La fuerza de la ley.

© 2024, Red ediciones S.L.

e-mail: info@Linkgua-ediciones.com

Diseño de cubierta: Michel Mallard.

ISBN tapa dura: 978-84-1126-249-1.
ISBN rústica: 978-84-9816-776-4.
ISBN ebook: 978-84-9953-213-4.

Cualquier forma de reproducción, distribución, comunicación pública o transformación de esta obra solo puede ser realizada con la autorización de sus titulares, salvo excepción prevista por la ley. Diríjase a CEDRO (Centro Español de Derechos Reprográficos, www.cedro.org) si necesita fotocopiar, escanear o hacer copias digitales de algún fragmento de esta obra.

Sumario

Brevísima presentación

La vida

Agustín Moreto y Cabaña. (Madrid, 1618-Toledo, 1669). España.
Sus padres eran italianos. Fue capellán del arzobispo de Toledo y tuvo una vida tranquila. Alcanzó una notable popularidad en los siglos XVII y XVIII. Escribió comedias de carácter religioso, tradición histórica y costumbres. La edición completa de sus obras se publicó en tres partes en los años 1654, 1676 y 1681.

Personajes

Seleuco, rey
Filipo
Nise, infanta
Aurora, su prima
Irene, criada
Alejandro, galán
Greguesco, gracioso
Demetrio, príncipe
Músicos

Jornada primera

(Salen el rey y Filipo, con memoriales y con acompañamiento.)

Rey   ¡Repetid el memorial!
                      ¿Qué dudáis, si es para mí?

Filipo   Sí, señor.

Rey   ¡Leed!

Filipo   Dice ansí:
(Aparte.)   (Turba su presencia real)

                  Lee.

«Cintio, capitán de vuestra guarda, preso por haber incurrido en el crimen de adulterio, está sentenciado en vista, en la pena de la ley. Suplica a Vuesa Majestad...»

Rey   Basta; excusad los enojos   5
                     que me da haberlo escuchado.
                     Si en vista está condenado,
                     sáquenle luego los ojos.
                     Por ley esta pena di
                     cuando esta ciudad fundé   10
                     al adúltero; él lo fue
                     sin temor della y de mí.
                     Pague, pues ha cometido
                     dos ofensas su osadía
                     —que no perdono la mía   15
                     ni puedo la del marido—,
                     pues también yo como rey
                     fui ofendido de su error,
                     porque de un rey es honor

el respeto de la ley,   20
y el que osado la quebranta,
siendo ella la autoridad,
le quita la Majestad;
y, siendo la ofensa tanta,
perdonar su desacato   25
es quitar con indecencia
el temor a la obediencia
y el valor a su mandato.
Que se ejecute pondrás,
que una ley establecida   30
hace en uno no cumplida
atrevidos los demás.
Ni atemoriza ni asombra,
que queda, si se quebranta,
como sombra que no espanta   35
a quien ya sabe que es sombra.
Seleuco soy, pobre fui,
a Alejandro acompañé,
dél este Imperio heredé,
que en Grecia comienza en mí.   40
A Antioquía di el renombre
por Antíoco, mi padre;
Laodicia por mi madre
y Seleucia por mi nombre.
Leyes antes de fundallas   45
les puso mi autoridad,
que la ley de una ciudad
es basa de sus murallas.
Mirad, pues siendo fundadas
para ejemplo a los futuros,   50
si he de dejar yo sus muros
sobre leyes quebrantadas.
Si mi grandeza es dejar

Imperio a mis sucesores,
perdonando transgresores   55
tendrán menos que heredar;
que esta corona imperial
que en Grecia desde mí empieza,
si le quito la entereza
no se la dejo cabal.   60
Pague, pues, justos enojos,
que dio a la ley y al marido,
que si yo hubiera incurrido
yo me sacara los ojos.

Filipo (Aparte.)   (¡Qué severa Majestad!   65
                    Templarla fuera malicia,
                    que es la mano la justicia
                    del brazo de la piedad.)
(Dentro.)   ¡Alejandro viva!

Todos   ¡Viva!

Rey   ¿De qué es esta aclamación?   70

Filipo   Algunos indicios son
                    de alguna nueva festiva,
                    mas que te la trae la infanta
                    se infiere de su alegría.

(Salen damas, Nise y Greguesco.)

Nise   ¡Llegó la esperanza mía   75
                    al logro de dicha tanta!

Rey   ¡Hija mía...!

Nise

Gran señor,
si las voces de la fama
no te han dado ya el aviso,
buenas albricias me aguardan...   80

Rey

Seguras en mí las tienes
sabiendo, Nise, la causa.

Nise

Alejandro, gran señor,
que tus ínclitas escuadras
vuelve a Grecia vitoriosas,   85
de resplandor coronadas,
que le da tu sangre ilustre
(Aparte.)
(y a mí de amores las alas).
Él aviso me anticipa;
permítele a mi esperanza   90
que le estime esta fineza
cuando mi pecho le aguarda,
obedeciendo tu gusto,
por digno dueño del alma.

Rey

Dos gustos, Nise, recibo   95
con nueva tan deseada:
uno, en ver lo que te estima
tu primo, pues te adelanta
la nueva, y yo la agradezco;
otro, cuando la esperaba   100
con tanto deseo, el gusto
de ser tú quien me la traiga.
¿Quién fue el mensajero?

Greguesco

Yo.

Rey

¿Quién sois vos?

Greguesco   ¿Pues en las calzas
                     no se ve? Yo soy Greguesco.   105

Rey   Ya de ti no me acordaba.

Greguesco   Vuestra Majestad, sin duda,
                     come mucha mermelada,
                     que hace olvidar los greguescos,
                     si no es que por otra causa   110
                     me desconozca...

Rey   ¿Cuál es?

Greguesco   Que a puro correr jornadas
                     traigo el nombre hecho pedazos,
                     que para durar me basta.

Rey   ¿Viene bueno mi sobrino?   115

Greguesco   Viene tan ancho de cara,
                     que puede tomarse alforza
                     y de los triunfos que gana
                     por vos, tan hueco e hinchado
                     que parece cuando anda   120
                     que va respirando tíos.

Rey   ¿Estuviste en la batalla?

Greguesco   ¿Si estuve...? ¡Buena pregunta!
                     No se me ha olvidado nada,
                     ¡ve si estaba bien en ella!   125

Rey   ¿Pues tú con qué tercio estabas?

Greguesco   Con un tercio de pescado
                   que me duró una semana.

Rey   ¡Bien pelearías con él!

Greguesco   Sí, señor, que me lo hurtaban.   130
                   Víspera de Pascua fue
                   el día de la batalla,
                   y a mí y a otro como yo
                   por cabos salir nos mandan
                   de dos mangas de mosquetes;   135
                   errando todas las cargas,
                   cogiéronlas y escurrimos,
                   mas no perdimos las mangas
                   porque salvamos los cabos.
                   Encerreme en mi barraca,   140
                   mas luego al tercero día
                   salí a ver si las hallaba
                   para saber si eran buenas
                   las mangas después de Pascua.

(Óyese dentro el toque de trompetas y cajas de guerra.)

                   Pero ya, señor, los ecos   145
                   de las trompetas y cajas
                   dicen que Alejandro llega
                   lleno de plumas y galas
                   y, pues sabes lo que sobra,
                   él te dirá lo que falta.   150

Nise   ¡Qué bien suena en mis oídos
                   el estruendo de las armas
                   cuando vitorias de amor

con las de Marte se enlazan!

(Tocan cajas, sale Alejandro con bengala, botas, espuelas y soldados.)

Alejandro	Dad, gran señor, vuestra mano,	155
	a quien hoy logra la fama	
	dos laureles, pues se mira	
	vencedor y a vuestras plantas.	
Rey	Llega, Alejandro, a mis brazos,	
	pues es digno de honra tanta	160
	quien con mi sangre y su esfuerzo	
	tan bien mi aliento retrata.	
Alejandro	Nicanor vencido queda	
	y de Antígono la saña	
	tan rendida a tu poder	165
	que Babilonia turbada	
	queda ahora más confusa	
	que cuando torres levanta.	
	Cortele el soberbio cuello	
	a Nicanor, que sus armas	170
	gobernaba, y con afrenta	
	volvió Antígono la espalda.	
Rey	¿Pues cómo fue?	
Alejandro	Desta suerte:	
	Oigan, que va de batalla.	

(Habla.)

Alejandro	De Babilonia Antígono, furioso,	175
	a la batalla a Nicanor envía	
	y a orillas del Éufrates caudaloso	

a campaña salieron él y el día.
Dos ejércitos tuvo poderosos
y Babilonias dos el cristal vía,							180
pues su espejo otro ejército formaba
con otra Babilonia que él poblaba.
Sobre un fiero elefante un trono armado,
para más alta majestad decente,
conduce a Nicanor, que en él sentado					185
se ve al reflejo de su arnés luciente
con franjas de oro el trono rematado.
El adorno del bruto iba pendiente
haciendo entre el horror y la grandeza
fiero el adorno, hermosa la fiereza.						190
Iba el soberbio bruto a paso lento,
la tierra hollando la redonda planta,
áspero y liso el cuero ceniciento,
llenas de arrugas manos y garganta,
el aire empaña con el negro aliento,						195
alta la tosca testa con que espanta,
retorciendo la trompa a los colmillos
sobre los anchos dientes amarillos.
Yo con tu gente, poca y valerosa,
de la esperanza del laurel sedienta,						200
di vista a la ventaja numerosa
de la suya que en viéndome se alienta.
En un jardín, junto a una selva umbrosa,
mi gente con la cual me representa;
los golpes que los suyos prometían					205
no eran tantos como ellos parecían.
Sobre un caballo Nicanor me mira:
alto, robusto, dócil y brioso,
por la abierta nariz fuego respira,
tascando el freno inquieto y espumoso,					210
con las manos arena al aire tira;

barre el suelo la clin y presuroso,
al partir, por su oscuro color bayo,
parece nube de quien sale un rayo.
Puestos ya los dos campos frente a frente,		215
de la trompeta el ronco son horrendo
dio señal para el río la corriente;
las cajas el asombro repitiendo:
«¡Arma, arma!» Al horror hierve la gente,
párase el aire, rómpele el estruendo,		220
cierra la confusión, las armas suenan,
e instrumentos de guerra el campo atruenan.
No de otra suerte al suelo atemoriza
el cielo que de nubes se enmaraña,
cuando del rayo que el cabello eriza		225
cruje el trueno al desgarrar su densa entraña,
como el furioso choque escandaliza
el cristalino velo a quien empaña
humo y polvo, y el trueno de la guerra
asombra al cielo en nubes de la tierra.		230
Trabose la batalla y presumidos,
como de hambrientos cuervos banda espesa,
al cadáver del campo desunidos
se precipitan donde el hambre cesa;
se arrojan a nosotros atrevidos		235
imaginando en la segura presa
con fuerza hambrienta pero no bizarra,
cebar el pico sin fijar la garra.
Viendo yo desfilar sus escuadrones
en un cuerpo me uní para esperalle		240
y dejando correr sus batallones,
por medio de su ejército hice calle;
el furioso tropel de sus regiones
dio en vacío en el cóncavo del valle
y, como el brazo cuando el golpe ha errado,		245

su ejército quedó desconcertado.
Volví sobre ellos, que, sin orden, vagos,
un tercio a otro sin pensar herían,
dentadas hoces no hacen más estrago
en rubias mieses que tu gente hacía;   250
a su miedo bastaban mis amagos,
de su horror el ejército moría.
Erró el intento y yo dos veces cierro
porque me dio otra lanza con el yerro.
A Nicanor llamé a batalla sola,   255
vino en un alazán de manos blancas
que en el encuentro inquieto se enarbola,
conque las lanzas se pasaron francas.
Mas volví y falseándole la gola
le clavé la cabeza con las ancas,   260
quedando por blasón de castigallo
el penacho por cola del caballo.
La vitoria por mí luego se aclama:
huye Antígono, el reino se amedrenta,
Tolomeo la nueva oyó a la fama   265
y a tu poder el suyo unir intenta:
su hija, a quien el Fénix la hermosura llama,
del tuyo esposa viene a ser contenta.
Y yo de Nise pongo por la gloria
a tus pies la esperanza y la vitoria.   270

Rey   Mis brazos segunda vez
coronen tus alabanzas:
haz, Alejandro, con ellos
el laurel de tus hazañas.

Nise (Aparte.)   (Otro el alma le previene,   275
que ya en los míos le aguarda.)

Greguesco	Señor, pues ya de tus obras
	a mí parte no me alcanza,
	dame a mí un brazo de río,
	que eso por premio me basta;	280
	como a Irene, en él me metan.

| Irene | ¿Por qué...? |

Greguesco	La razón es clara,
	porque tenga buena pesca.

| Rey | Premio tendrá tu esperanza. |

| Greguesco | «Tendrá», señor, es futuro... | 285 |

| Rey | Más tienes en mi palabra. |

Greguesco	Según esto, bien podré,
	si me muriese mañana,
	hacer testamento della.

| Rey | Cierto es. |

Greguesco	¿Y cabrá una manda	290
	de mil ducados a un niño
	que me está criando un ama...?

| Rey | ¿Hijos tienes? |

Greguesco	Yo, señor,
	las tardes desocupadas
	suelo entretenerme en eso.	295

| Rey | Pues sí cabrá. |

Greguesco   Y para el alma,
              ¿qué podré mandar de misas
              que quepa en lo que me mandas?

Rey   Las que lleve tu conciencia.

Greguesco   Mucho cabe, que es muy ancha...   300

Rey   ¿Y será el entierro en coche
              o en público?

Greguesco   ¿Muchas hachas?

Rey   Las que quieras.

Greguesco   ¿Y capilla?

Rey   Necio estás.

Greguesco   Es que yo andaba
              por saber tanto más cuánto   305
              lo que valdrá tu palabra.

Rey   ¿Nise?

Nise   ¿Señor?

Rey   Esta nueva
              ya sin razón se dilata
              para tu hermano Demetrio:
              la tristeza que le acaba   310
              podrá resistir con ella,
              pues esta vitoria enlaza

la venida de su esposa,
que tanto aplaude la fama.
A darle voy el aviso.   315

Nise (Aparte.)   Señor... (¿Mas será ignorancia
decirle a mi padre yo
que mi hermano arde en la llama
amorosa de mi prima
y de su mal es la causa   320
quererle casar con Fénix
cuando él a Aurora idolatra...?)

Rey   ¿Qué dices?

Nise   Que si a Demetrio
le afligen tristezas tantas,
tratarle ahora de sus bodas   325
será, señor, aumentarlas.

Rey   ¿No le ha de alegrar tal dicha?

Nise   ¿Sabes de su mal la causa...?

Rey   No, mas cual fuere sea,
¿para vencerla no basta...?   330
Yo voy a darle la nueva.

Nise (Aparte.)   Señor, ve... (Mas él le mata
con lo que aliviarle piensa...)

Rey   Pues tú, Alejandro, descansa,
mientras mi amor te previene   335
premio que a tu esfuerzo iguala.

Alejandro   El que yo espero, señor...

Rey   Yo lograré tu esperanza.

Greguesco   ¿Y la mía, gran señor?

Rey   Ten cuenta con la palabra.   340

Greguesco   Yo tendré cuenta y rosario
               y camándula y diez...

Rey   Basta.

(Vase con Filipo, el acompañamiento y las damas.)

Alejandro   Ahora, Nise divina,
               de tu mano soberana
               se coronen los favores   345
               que alientan mis esperanzas.

Nise   Alejandro, con mis brazos,
               pues mi fe en ellos te aguarda,
               tus méritos se coronen
               por feliz dueño del alma.   350

Greguesco   Ahora, Irene, entra el coloquio
               lacayuno.

Irene   Necio, aguarda,
               que ahora toca a nuestros amos.

Greguesco   Dices bien, no me acordaba,
               que siempre se acaba el paso   355
               entre lacayo y lacaya.

Alejandro   ¿Hay dicha como la mía?

Nise   Sola hay otra que la iguala.

Alejandro   ¿Cuál es?

Nise   La que logro yo.

Alejandro   Digno soy della en tu gracia.   360

Nise   Mas la turba una sospecha...

Alejandro   ¿Qué...?

Nise   Que no estar ajustadas
                ya las bodas de Demetrio
                dilatará mi esperanza.

Alejandro   ¿Pues quién lo estorba?

Nise   Su gusto.   365

Alejandro   ¿Cómo?

Nise   A mi prima idolatra.

Alejandro   ¿Qué importa eso...?

Nise   El no poder
                ser la nuestra anticipada,
                y en el mar de amor al tiempo
                nunca hay segura bonanza.   370

Alejandro (Aparte.)   (¡Válgame el cielo! No sé
                         qué recelo cobra el alma,
                         que me la asalta esa duda.)

Nise (Aparte.)   (Y a mí el corazón me asalta
                         y no sé lo que acá dentro   375
                         siento, que mueve mis ansias...)
                         Mas vete, que a saber voy
                         si el príncipe lo dilata.

Alejandro   ¿No me dirás lo que sientes?

Nise   Sí dijera, si acertara.   380

Alejandro   ¿Pues lo que sientes ignoras?

Nise   Temor y amor son la causa.

Alejandro   ¿Y el efecto...?

Nise   Siento y dudo.

Alejandro   ¿Pica mucho?

Nise   El pecho abrasa.

Alejandro   ¿Y no sabes por qué pica?   385

Nise   No.

Greguesco   Pues eso será sarna.

Alejandro   Quita, loco. En fin, ¿lo dudas...?

Nise

Oye cómo es.

Alejandro

Dilo.

Greguesco

Vaya.

[Nise]

Dentro del pecho siento de quererte
un ardor que me obliga a desearte   390
y un yelo esquivo en esta misma parte
que del temor se engendra de perderte.
Con el yelo el ardor se hace más fuerte,
porque teme apagarse y fiel reparte
las vivas llamas que encendió de amarte   395
contra el lento peligro de su muerte.
Crece el deseo de la llama amigo
por ayudarle, y de crecer sediento,
cobra más fuerza el yelo mi enemigo.
Mira tú cuál será mi sentimiento   400
porque lo sé sentir como lo digo,
mas no lo sé decir como lo siento.

Greguesco

Digo que es sarna otra vez.

Alejandro

Pues, Nise, quien te idolatra,
si esto sientes tú, ¿a qué pena   405
tendrá asida su esperanza?

Nise

¿Pena tienes?

Alejandro

Si, señora,
escúchala.

Nise

Dila.

Greguesco	Vaya.

Alejandro

Solo vivo en la gloria de mirarte,
solo muero en la pena de no verte,   410
no tengo mayor mal que el de perderte
ni espero mayor bien que el de gozarte.
Vida es cuanto me lleva a desearte,
cuanto me aparta de tu vista es muerte,
y si pudiera haber dolor más fuerte,   415
ése sintiera yo de no adorarte.
Y si de tanto amor, de fe tan pura,
seña quieres tener más verdadera,
imagina, señora, tu hermosura,
y en mirándote en ella, considera   420
siendo tanta de amarte la ventura,
cuál la desdicha de perderte fuera.

Greguesco (Aparte.)

(Eso fuera sabañón
que frío duele que rabia
y estando caliente come.)   425

Nise

¡Ay Alejandro, que el alma
se aflige con el temor!

Alejandro

¿Pues no es preciso en quien ama?

Nise

Y justo.

Alejandro

¿Pues qué remedio?

Nise

Ir a ver si lo dilata.   430

Alejandro

¿Quién?

Nise   El príncipe, mi hermano.

Alejandro   ¡Qué hermosa desconfianza!

Nise   ¡Qué galán te hace la duda!

Alejandro   ¿Pues este temor es gala?

Nise   Es crédito de quien quiere.   435

Alejandro   ¿Y es más galán quien más ama?

Nise   La fineza el alma adorna.

Alejandro   ¿Quién ve el adorno del alma?

Nise   Quien quiere de entendimiento.

Alejandro   ¿Pues la voluntad no basta?   440

Nise   No, porque esa no se ve.

Alejandro   ¿Por qué?

Nise   Porque ella se arrastra.

Alejandro   ¿Luego el querer no es fineza?

Nise   No si al discurso no pasa.

Alejandro   ¿Pues qué hace el discurso?

Nise   Aquesto: 445
            quien con el discurso ama

solo quiere lo que es digno,
porque ve, elige y alcanza;
quien solo voluntad tiene
quiere aquello que le arrastra   450
sin ver lo que es porque es ciego
y ese mérito no gana;
porque si lo que apetece
le obliga a querer con ansia,
quien busca lo que desea,   455
su gusto es solo a quien ama.

Alejandro   ¡Qué divino entendimiento!

Nise   ¡Qué dichosas esperanzas!

Alejandro   Si se logran.

Nise   Eso temo.

Alejandro   ¿Qué temes?

Nise   A la desgracia.   460

Alejandro   ¿Por qué?

Nise   Es hija de amor grande.

Alejandro   Mucho es el mío.

Nise   Eso basta.

Alejandro   ¿Qué es cierto?

Nise   Eso voy a ver.

Alejandro	Guíete amor.	
Nise	Él me valga. ¡Qué galán desasosiego!	465
Alejandro	¡Qué hermosa desconfianza!	

(Vanse.)

Greguesco	¡Ay Irene, qué dulzura!	
Irene	¿Qué dices?	
Greguesco	Que se derrama: echemos en este almíbar un poco de calabaza.	470
Irene	¿Cómo ha de ser?	
Greguesco	A los dos toca soneto por barba.	
Irene	El tuyo di.	
Greguesco	Va del mío, pintándote.	
Irene	Venga.	
Greguesco	Vaya. Es tal tu gracia, Irene, que al probarla da gloria a cuantos tratan de beberla. Tu rostro es el de un pez llamado merla	475

que nace en dos lagunas que hay en Parla.
Tus ojos son de aguja, que al pasarla
se pican muchos sastres por meterla;   480
pues lo que es tu nariz si fuera perla
no hubiera oro en Ofir con qué pagarla.
Cierta bola interior tus dientes birla,
tu barba a tener barba fuera borla
del pendón de tu rostro que almas turla.   485
Toda esta beldad tu boca chirla:
ves aquí tu retrato aunque sin orla,
en barba, verla, birla, borla y burla.

Irene   Oye el mío.

Greguesco   Ya le espero.

Irene   Pues escucha.

Greguesco   Venga.

Irene   Vaya.   490
Para pintarte, empiezo por la boca,
que es como de costal mas no tan seca,
porque de aficionada y no manteca
tienes siempre tanto moño que me coca.
Tus bigotes helados son de estopa,   495
a quien tu espada les sirvió de rueca.
En tu pie miró el zancarrón de Meca
y en tu nariz el albañal de Moca.
Toda tu habilidad es mala cuca,
contigo la limpieza se salpica,   500
el talle es de Babieca, el juicio de haca.
Es el pesebre quien te da en la nuca
y este retrato mi pincel te aplica

en cuca, coca, quica, quieca y caca.

Greguesco	¡Grande amor!
Irene	¡Grande fineza!	505
Greguesco	¿Te vas?
Irene	Sí, dueño del alma.
Greguesco	¿Dónde?
Irene	A merendar, si hay algo.
Greguesco	¡Qué dolor!
Irene	¿El beber agua?
Greguesco	Calla, que esa voz me ha muerto.
Irene	¡Oh mal haya mi desgracia!	510
Greguesco	¿Temes perderme?
Irene	Si juego.
Gregueco	¿Y jugarasme?
Irene	A la taba. ¡Qué brío para el barreño!
Greguesco	¡Qué harnero para la paja!

(Vanse.)

(Salen músicos y Demetrio.)

Músicos	Desdichado del dolor que sanar dél es mayor.	515
Demetrio	¡Ay de mí! Con cuanto escucho crece mi delirio loco, todo a lo que siento es poco y a lo que padezco es mucho. ¡Oh infeliz Aurora! El medio de vivir es olvidarte, pero si dejo de amarte mayor mal es el remedio. Diga pues en mi tormento:	520 525
Músicos	Desdichado del dolor que sanar dél es mayor.	
Demetrio	No prosiga vuestro acento, cantad a otro intento ya, que le dobla su cuidado la pena a un desesperado cuando sabe que lo está. Divertid con otro acento el dolor en mis oídos, que a veces por los sentidos se engaña el entendimiento.	530 535
Músicos	Un mal que violento viene muy poco puede durar, porque al fin se ha de acabar o acabar a quien le tiene.	540

(Sale Aurora.)

Aurora   Un mal que violento viene
                muy poco puede durar,
                porque al fin se ha de acabar
                o acabar a quien le tiene.
                Demetrio...

Demetrio   Aurora, ¿tú aquí   545
                es aliviar mi dolor...?

Aurora   De que es el mío mayor
                sobre esta canción que oí
                por prueba un discurso haré:
(Aparte.)   (¡Casado, Demetrio, estás...!)   550

Demetrio   ¿Qué dices...?

Aurora   Oye y verás
                si para aliviarte entré:
                Un mal que violento viene,
                muy poco puede durar,
                porque al fin se ha de acabar   555
                o acabar a quien le tiene.
                Para ser más mi dolor,
                casado, Demetrio, ya,
                vida te dará mi ardor,
                pues con mi muerte tu amor   560
                de Fénix renacerá.
                Fénix vida te previene
                y mi ardor dos penas tiene
                que son mi muerte y tu vida,
                que no hace solo una herida   565
                un mal que violento viene.

Y si durando tu ardor
se resiste al nuevo empleo,
es mi desdicha mayor,
pues siendo mío tu amor   570
con otro dueño te veo.
Y si dura, a mi pesar,
mi muerte le ha de apagar
o sin mí acabarse luego,
porque sin materia un fuego   575
muy poco puede durar.
Mira en tu amor empeñada
cuál, Demetrio, está mi vida:
si dura, desesperada,
si me quiere, desdichada,   580
y sin alma si me olvida.
¿Por qué el fuego ha de cesar?
¿Por qué a Fénix has de amar?
¿Por qué ella te ha de vencer?
¿Por qué sin mí no ha de arder?   585
¿Por qué al fin se ha de acabar?
Solo un consuelo hay aquí,
que el mismo dolor me dio
y es que en mí se acabe ansí,
que no ha de poder en mí   590
durar el mal más que yo.
Porque si a ofenderme viene,
con el rigor que previene,
o ha de darme más valor
o ha de templarse el dolor   595
o acabar a quien lo tiene.

Demetrio   Aurora, desesperado
                me dejas con tu tristeza.
                ¿Qué es haberme yo trocado?

¿Qué es olvidar tu belleza?   600
¿Yo estar con Fénix casado...?
Primero que tan violento
el sí pronuncie mi labio
pronunciará en mí tormento
para no hacerte ese agravio.   605
Mi vida, el último aliento
que en ceniza antes volviera
mi ingrata mano sospecho
que a otro dueño se la diera
y si otro fuego no hubiera   610
me la quemara en el pecho.
La vida y el corazón,
que es vida, hiciera centellas:
alma, corona, opinión,
mas, ¿qué hiciera yo en perdellas   615
cuando sin ti nada son?

Aurora   ¿Esa palabra me das?

Demetrio   Ser tuyo o morir prometo.

Aurora   El rey viene... ¿Qué dirás?

Demetrio   Retírate tú y verás   620
                si me atará su respeto.

(Retírase Aurora y vanse los músicos.)

(Sale el rey.)

Rey   ¡Hijo, Demetrio!

Demetrio   ¿Señor...?

Rey

Tu grave melancolía
en mí logra su dolor,
pero presto su rigor   625
se trocará en alegría.

Demetrio

De vuestro amor, padre, fío,
que a esta pena rigurosa
vencer quiera el desvarío.

Rey

Mira si es cierto, hijo mío,   630
pues es ya Fénix tu esposa.

Demetrio

¿Quién?

Rey

Fénix, a quien aclama
por reina de la hermosura
el aplauso de la fama.
Su reina Egipto la llama,   635
que tu corona asegura.

Aurora (Aparte.)

(¡Ay Demetrio, esto es perderte!)

Demetrio

Si mi temor, padre, os calla
la causa de mal tan fuerte,
ya en víspera de mi muerte   640
fuerza será el confesalla:
esta pena, este dolor
a cuyos fieros enojos
resiste en vano el valor,
si no sabes qué es amor   645
no me habrás visto los ojos.

Rey

¿Amor? ¿De quién...?

Demetrio   Padre mío,
               si este nombre, como es ley,
               os templa en mi desvarío,
               porque no os tema el desvío,   650
               no me escuchéis como rey.
               Yo muero sin resistencia
               por encubrir este amor;
               siendo cierta mi obediencia,
               si el respeto me sentencia,   655
               ¿para que temo el rigor
               que podéis hacer severo
               si en declararle os irrito
               más que yo, pues por mí muero?
               Si el decírtelo es delito,   660
               el de matarme es más fiero;
               y pues en mi triste muerte
               mi vida amparo no halla,
               muera al dolor menos fuerte,
               que es el rigor, pues mi suerte   665
               por Aurora...

Rey   ¡Calla, calla!
               ¡No sé cómo puedo ahora
               templarme en lo que he escuchado!
               ¿Siendo tu vasalla Aurora,
               prefieres a quien señora   670
               de imperio es tan dilatado?
               A haber de tu error creído,
               sí, que en mi sangre cabía,
               ya te la hubiera vertido,
               mas es cierto que ha caído   675
               en la que no tienes mía.

| Demetrio | Señor... |

| Rey | ¿Qué intentas decir?
¡Con Fénix te has de casar,
Demetrio, si has de vivir! |

| Demetrio | Pues si el remedio es morir,   680
señor, mándame matar. |

| Aurora (Aparte.) | (¡Cielos! ¿Qué escucho? ¡Oh, qué espero
viendo su esquivo rigor!) |

| Rey | ¿Qué dices? |

| Demetrio | Que pues yo muero,
entre estas dos muertes quiero   685
la que es de menos dolor.
Si mi amor a vuestra alteza
ha de quitarme el vivir,
muera yo de esa aspereza,
que el lograr esta fineza   690
será alivio del morir.
Que pues ya está el alma herida
de amor, al impulso fuerte
el golpe que me le impida
no irá a quitarme la vida   695
sino a abreviarme la muerte.
En mi sangre amor está,
vuestra alteza la engendró,
pues, ¿quién seguir mandará
el precepto que me da   700
antes que el ser que me dio?
Y si mi amor es mi ser,
pues él mi aliento habilita, |

cuando le llegue a vencer,
¿con qué le he de obedecer   705
si en el amor me le quita?
Si esa corona aficiona
por dármela vuestra alteza,
y mi vida no perdona,
¿de qué sirve la corona   710
si me quita la cabeza?
¿Estos afectos no son
mi mismo ser? ¿Es ajena
la sangre del corazón?
¿Hice yo mi inclinación?   715
¿Pues qué culpa me condena?
Advierta, pues, vuestra alteza,
aunque el respeto lo impida,
que de su amor no es fineza
ser padre de mi grandeza   720
y enemigo de mi vida.
Mas si no os puedo mover,
yo iré, señor, a morir;
la vida os puedo deber,
mas si me la hacéis volver,   725
no os queda más que pedir,
que el ser padre es razón fuerte
para que a su voz se mida
un hijo; mas si se advierte,
quien no le excusa la muerte   730
no le obligó con la vida.

(Vase.)

Rey   ¡Demetrio, hijo, escucha, espera!

Aurora (Aparte.)   (¡Ay de mí, sin alma voy!)

(Vase.)

Rey	Menor mal será que muera,
	que si su error permitiera,	735
	fuera faltar a quien soy.
	Cese pues el casamiento
	de Alejandro y Nise ahora,
	que así remediar intento
	que haga un loco pensamiento	740
	una vasalla señora.

(Sale Greguesco con un papel.)

Greguesco	Dios me guíe en este intento.
	Los pies, gran señor, me dad
	y este don pobre aceptad.

| Rey | ¿Qué es esto? |

| Greguesco | Obra al casamiento. | 745 |

Rey (Aparte.)	(Disimular quiero, pues
	con lo que he determinado
	queda todo remediado
	ya.) ¿Qué casamiento es?

| Greguesco | Al príncipe obra importante. | 750 |

| Rey | ¿Pues qué es? |

Greguesco	Un epitulamio
	que le escribí en un andamio
	porque no hay más consonantes.

Tiene clíticas radiantes,
coluros, celajes, rumbos,   755
cerúleos y otros retumbos
de poetas valintiantes,
que en vascuence poco a poco
trocar la lengua pretenden
y los que oyen no lo entienden   760
ni el que lo escribió tampoco:
su aplauso no ha de igualar
de Séneca una tragedia.

Rey   Mejor fuera una comedia.

Greguesco   Sí, mas la suelen silbar.   765

Rey   ¡Escribir bien!

Greguesco   No hay justicia:
si uno en un año una estrena
no hace nada, aunque sea buena;
si cada mes, con codicia,
una saca, no hay razón   770
que esto descontarle quiera.
Y en errando la primera
pierde la reputación.
Ni por dos buenas, ni aun ciento,
una mala se recibe.   775
Mas a favor del que escribe
trae la humanidad un cuento
contra el mal intencionado
que de espulgar la obra vive,
del que no es ángel y escribe.   780

Rey   ¿Y cómo es?

Greguesco   Va de contado,
                   escribe Libio Cenacho.

Rey   ¿Qué autor es este?

Greguesco   Moderno,
                   que Polifemo un invierno,
                   aquel gigante borracho,   785
                   más célebre que el de Olías...

Rey   Goliad era.

Greguesco   Es verdad,
                   Golías o Goliad,
                   —todo va por las folías—
                   prendió a Ulises, hombre chico,   790
                   en su cueva y por la hazaña
                   se sentó a silbar su caña
                   con sus labios de borrico.
                   De ocho o diez viejas harpías
                   sobrino era Ulises y,   795
                   púsose a escribir allí
                   la historia de Matatías;
                   silbaba el bestión muy rojo
                   y él decía en su papel:
                   escriba yo y silbe él,   800
                   que yo le sacaré el ojo,
                   aplicatis por sus modos
                   aplicandus se ve el fin.
                   Y esto se dice en latín,
                   porque esto no es para todos.   805

Rey   Queja es justa.

Greguesco   Ya lo veo,
                 mas hay gente tan injusta,
                 que de una queja que es justa
                 habla mal en un torneo.

Rey (Aparte.)   Llama a Alejandro. (El sosiego   810
                 de Demetrio solicito,
                 con lo que a Nise le quito.)

Greguesco   Ella y él de su luz ciego
                 a tu presencia llegó.

Rey   Ceda a la razón de estado   815
                 todo amoroso cuidado,
                 que lo primero soy yo.

(Salen Nise y Aurora, damas, y Alejandro.)

Nise   Señor, del príncipe el llanto
                 causado de tus desvíos
                 trae a mi amor a tus plantas   820
                 a solicitar su alivio.

Aurora (Aparte.) (¡Cielos, si soy desdichada
                 la muerte por medio os pido!)

Alejandro   Si es de causa, gran señor,
                 la tristeza de mi primo   825
                 que puede tener remedio
                 que se le deis os suplico,
                 que lo primero es su vida.

Rey   Nise, Alejandro, sobrino,

a nadie más que a mí importa   830
el sosiego de mi hijo,
siendo él para quien aumento
esta corona que ciño.
Su quietud está a mi cargo
y tanto por ella miro   835
que lo que son premios vuestros
quiero enlazar con su alivio,
y por pagar a Alejandro
las deudas de sus servicios
le tengo casado ya.   840

Nise (Aparte.)   (¡Albricias, amor! ¿Qué he oído?)

Alejandro (Aparte.)   (¡Cielos, ya es cierta mi dicha!)

Greguesco   ¡Alto! Líbrame, apellido,
                        grandeza, que en esta boda
                        de hongos hartarme imagino.   845

Alejandro   Siempre, señor, serán vuestras
                        las honras que yo recibo.

Rey   Tu prima Aurora es tu esposa,
                        que es en ti el premio más digno.

Alejandro (Aparte.)   ¿Quién, señor...? (Muerto he quedado.)   850

Nise (Aparte.)   (¡Cielos, sin alma respiro!)

Aurora (Aparte.)   (El corazón se despulsa...)

Greguesco   Con la aurora ha anochecido.

| Rey | ¿De qué os turbáis? |

| Greguesco | Se han helado
porque al aurora hace frío. | 855 |

| Alejandro | Señor, yo..., vos..., si mi dicha... |

| Rey | ¿No es bastante ser marido
de mi sobrina? |

| Alejandro | Señor,
siempre yo tuve creído
que vuestro favor... |

| Rey | Os diera
el premio que os apercibo. | 860 |

| Alejandro | No sino a Nise. |

| Rey | ¿Qué Nise...?
¿Mi hija a vos? ¿Estáis sin juicio? |

| Alejandro | Pues, señor, si erré en pensarlo
que me deis licencia os pido. | 865 |

| Rey | ¿De darle luego la mano? |

| Alejandro | Si no, de que el retiro
de una aldea sea sepulcro
a mi dolor, si he perdido
la esperanza. |

| Rey | ¿Qué esperanza? | 870 |
| | ¿No miráis que habláis conmigo? |

Quien tuvo esperanzas locas
entréguelas al olvido
y no despreciéis osado,
premio, Alejandro, tan digno,   875
que si esta noche que el plazo
de casaros determino
no dais a Aurora la mano,
para inobedientes bríos
tienen cuellos las cabezas   880
y mis decretos, cuchillo.

(Vase.)

Greguesco   También tendrán horca y rollo,
y piedra en él, en su hijo...;
iba a decir otra cosa
que le suele hacer dar gritos.   885

Alejandro   ¡Cielos, yo perdí alma y vida!

Nise   Ni aliento para un suspiro
me ha quedado.

Aurora (Aparte.) (Muerta soy,
de Alejandro me retiro
por no hacer más la desdicha...)   890

(Vase.)

Greguesco   Y yo a pensar un arbitrio
con que ese viejo, por viejo
quede peor que un vestido.

(Vase.)

Nise (Aparte.)   (Ya no me mira Alejandro,
                      de que le perdí es indicio.)   895

Alejandro (Aparte.)   (Ya no llega a hablarme Nise,
                      seña es de haberla perdido.)

Nise (Aparte.)   (Por no afligirla me voy.)

Aurora (Aparte.)   (Por no ofender me retiro.)

Nise (Aparte.)   (Mas, ¿esto no es más rigor?)   900

Alejandro (Aparte.)   (Mas, ¿esto no es más desvío?)

Nise   ¡Alejandro!

Alejandro   Nise, a un tiempo
                      los dos, señora, volvimos,
                      seña es de que un solo móvil
                      rige nuestros albedríos.   905
                      Pero, ¿qué importa (¡ay de mí)
                      que estén de un móvil regidos
                      si cuando en el mar de amor
                      iba en bonanza el navío
                      de la voluntad, con velas   910
                      de afectos y de cariños,
                      siendo al imán del deseo
                      la esperanza el norte fijo,
                      la tormenta del poder
                      alborotó el mar tranquilo,   915
                      perdió el timón el temor,
                      que era al piloto el aviso?
                      Turbó el imán del deseo

y ya de todo perdido
el norte de la esperanza,   920
dio por escollo en el risco
de la desesperación,
donde, roto y desunido,
entregó al mar por despojos
los desmayados sentidos   925
que entre la espuma quedaron,
buscando para el peligro
de las ondas de su llanto
las tablas de los suspiros.

Nise   ¡Ay, Alejandro! ¡Ay, señor!   930
                    ¿Qué tormenta fue?, ¿qué has dicho?
                    ¿Yo, sin ti? ¿Yo he de perderte
                    cuando tú...? En vano prosigo,
                    si están hablando los ojos
                    lo que en el labio repito.   935

Alejandro   ¡Ah, corazón desdichado,
                    ahora tormentos míos!
                    ¿Lloras, Nise?

Nise   Sí, Alejandro,
                    no lo extrañes, pues has visto
                    que aquí fue el Sol mi esperanza;   940
                    yo el alba, que con sus visos
                    lucía; salió el aurora,
                    murieron luego los míos,
                    porque el Sol siguió los suyos;
                    y, como es común oficio   945
                    de alba y aurora que viertan
                    llanto y risa a un tiempo mismo,
                    ella ríe lo que gana,

yo lloro lo que he perdido.

Alejandro   ¡Ay Nise, ay dueño del ama!   950
        ¿Yo he de perderte? ¿Qué has dicho?
        ¿Yo, de otro dueño? ¿Eso afirmas?
        Antes que ese precipicio,
        ¿no tiene rayos el cielo,
        venenos el artificio,   955
        congojas el corazón,
        el rey tu padre cuchillo?
        Y cuando me falte todo,
        ¿no tengo yo amor, bien mío?
        ¿Pues qué muerte más segura   960
        que ver tus ojos divinos
        e imaginar que los pierdo
        para morir a sus visos?

Nise   ¿Y será alivio tu muerte?

Alejandro   Para mi mal será alivio.   965

Nise   ¿Y para mí qué será?

Alejandro   Para ti no sé, imagino
        que es menor mal verme ajeno.

Nise   No, Alejandro, no lo admito.
        Mi padre es muy riguroso;   970
        pues mi desdicha lo quiso,
        dale ya la mano a Aurora
        y vivas felices siglos.

Alejandro   ¿A ese rigor me aconsejas?

| Nise | ¿Pues qué he de hacer si es preciso? | 975 |

Alejandro   ¿No lo embaraza la muerte?

Nise   ¿Y ella podrá hacerte mío?

Alejandro   No, Nise, ¿pues qué remedio?

Nise   Solo uno haber puede.

Alejandro   Dilo.

Nise   Irse ya para no verte.   980

Alejandro   ¿Y ése es remedio o martirio?

Nise   Vete, Alejandro, no des
más fuerza al tormento mío...

Alejandro   ¿De ti quieres que me aparte?

Nise   ¡No me aflijas!

Alejandro   Si te aflijo   985
ya me voy...

Nise   ¡Adiós, señor!

Alejandro   Quédate a Dios, bien perdido...

Nise   ¿Así te vas?

Alejandro   ¿No lo mandas?

Nise   Yo no sé.

Alejandro   Por darte alivio.

Nise   ¿Pues es alivio dejarme?   990

Alejandro   ¿No lo pides...?

Nise   Sí, lo he dicho,
                  mas basta ahora el deseo
                  para saber lo que pido...

Alejandro   ¿Pues qué he de hacer?

Nise   Esperar.

Alejandro   ¿Qué he de esperar?

Nise   Otro alivio.   995

Alejandro   ¿Cuál es, señora, qué dices?

Nise   ¡Qué sé yo lo que me digo!

Alejandro   ¿Qué alivio hay aquí?

Nise   La muerte.

Alejandro   Y aun no es cierta.

Nise   El daño es mío.

Alejandro   ¡Qué breve es el desengaño!   1000

Nise	¡Qué dilatado el martirio! Mayor mal es detenerte...
Alejandro	¿Así te vas...?
Nise	Ya es preciso.
Alejandro	¡Qué desdicha!
Nise	¡Qué dolor!
Alejandro	¡Qué crueldad!
Nise	¡Qué delito!	1005
Alejandro	¡Sin mí voy!
Nise	¡Yo voy sin ti!
Alejandro	¡Perdí el ser!
Nise	¡Yo, el albedrío!
Alejandro	¡Adiós, pues, muerta esperanza!
Nise	¡Adiós, pues, tormento vivo!

Fin de la primera jornada

Jornada segunda

(Salen Aurora, con un lienzo en los ojos, e Irene.)

Irene	No llores tanto, señora,	1010
	que tu hermosura te avisa	
	que son envueltas en risa	
	las lágrimas del aurora.	
Aurora	¡Ay, Irene! ¿Qué he de hacer?	
	¿Quédale ya a mi pesar	1015
	más alivio que llorar,	
	más vida que padecer?	
Irene	Ya estás casada y tu amor	
	quiso malograr el cielo:	
	no gastes, pues, tu desvelo	1020
	en dar fuerzas al dolor.	
	Ya en tu desdicha no hay medio	
	y un triste en dolor igual	
	se consuela con su mal	
	cuando no tiene remedio.	1025
	Quien siente un dolor cruel	
	cuando es posible vencelle	
	pena más que en padecelle	
	en procurar salir dél;	
	mas quien es preciso sabe	1030
	juntar todo su valor	
	para sufrir el dolor	
	y eso le hace menos grave.	
Aurora	No me deja consolada	
	esa razón, ni ya siento	1035
	de estar casada el tormento	

sino el de estar mal casada.
Apenas la aurora bella
salir Alejandro vio
cuando dejó el lecho y yo   1040
quedé llorando con ella.

Irene   ¡Ay, señora! Esa pasión
tendrá remedio si quieres:
de las comunes mujeres
aprende aquesta lición.   1045
Mujeres hay de tal masa
que les diera con cadena
menos susto un alma en pena
que su esposo entrando en casa;
y viendo que es mal forzoso   1050
a puro fingir de miel
pasa a traguitos la hiel
del hígado de su esposo.
Más remedios no han fingido
las viejas para la cara   1055
que ella al venir tiene para
las cosas de su marido.
Si es triste dice: «¿Qué tienes,
dueño mío?, ¿qué dolor?
¿Pues no te alegra mi amor?   1060
¡Ay Dios, qué triste que vienes!
Hijo mío, ansí no estés,
mira que me das pesar...»
Y si le viera ahorcar
le tirara de los pies.   1065
Si le ve venir severo
dice: «Bien mío, ¿tú airado?
No quiero estés enojado,
¡ea, digo que no quiero!

|¡Templa ese enojo cruel!»   1070
y al cuello le echa los brazos
y para apretar los lazos
imagina que es cordel,
y fingiéndole un puchero
le enternece y le reporta,   1075
que para comer le importa
saber manir el carnero.
Y tras esto, tanto espera
en el fin de su dolor
que le parece mejor   1080
un luto que una pollera.

Aurora   ¡Ay pena esquiva y cruel!
                    Solo considero aquí
                    qué hará Demetrio sin mí,
                    pero, ¿qué haré yo sin él...?   1085
                    Mas ¡ay de mí!, ¿quién ha entrado?

Irene   Tu esposo.

(Sale Demetrio.)

Demetrio   No es, sino yo.

Aurora   ¿Vos, señor?

Demetrio   Apenas vio
                    mi amor, ya desesperado,
                    que Alejandro estaba fuera   1090
                    de tu cuarto, cuando en él
                    me entré a templar el cruel
                    ardor que me desespera.

Aurora	Señor, ¿vos entráis aquí	
	turbado y descolorido?	1095
	¿Qué es esto?	

Demetrio	Haberse caído	
	todo el cielo sobre mí.	
	¿Vivo yo y tu desposada	
	con otro? ¿Qué rabia es ésta?	

| Aurora | No os doy, señor, por respuesta | 1100 |
| | más de que estoy ya casada. | |

Demetrio	¿Qué dices? ¡Válgame el cielo!	
	¿Ese desprecio te oí	
	cuando hallar pensaba en ti	
	de mi desdicha el consuelo?	1105
	No pensé yo, Aurora mía,	
	que en ti cupiera mudanza;	
	perder temí la esperanza,	
	no la fe que en ti tenía,	
	que amor que al correr no cesa	1110
	es al arroyuelo igual,	
	que atajado su cristal	
	se junta todo en la presa.	
	No pensé yo en este empleo	
	que fue presa de tu ardor	1115
	hallar más tibio el amor	
	sino más vivo el deseo.	
	Hallar pensé tu belleza,	
	por su violencia importuna,	
	quejosa con tu fortuna,	1120
	no esquiva con mi fineza,	
	porque amarte cuando estás	
	logrando brazos ajenos	

no era para hallarte menos
sino merecerte más.   1125

Aurora (Aparte.)   (Responde, honor: ¿qué he de hacer?
                    ¡Dura ley, ciego pesar!
                    Si obligas a despreciar,
                    ¿para qué dejas querer?)
                    Señor, ya trocada estoy   1130
                    desde que llegué a casarme:
                    la desdicha fue trocarme,
                    mas ya trocada, otra soy.
                    Ni yo ignoro su pasión
                    ni mi amor, mas vuestra alteza   1135
                    tampoco de mi nobleza
                    ignora la obligación.
                    Perdóneme, pues la sabe:
                    no oír lo que me condena,
                    que en mi amor cabe mi pena,   1140
                    pero la suya no cabe.

Demetrio   ¡Oye, espera, Aurora infiel!,
                    ¿tú me dejas de esa suerte?,
                    ¿tú de parte de mi muerte
                    para hacerla más cruel?   1145
                    Si también perdí tu amor
                    ya no tengo qué perder;
                    llegue, pues, ingrata, a ser
                    mi sentimiento furor.

Aurora (Aparte.)   Señor (¡Empeño tirano!),   1150
                    templaos..., ¿qué es esto, señor?

Demetrio   Solo templaré mi ardor
                    con la nieve de tu mano;

dámela, pues, homicida,
que si matarme te agrada,   1155
lo que era vida ganada,
será veneno perdida.

(Deja caer los guantes, uno dividido del otro.)

Aurora   Señor, advierta que está
                tu alteza fuera de sí.

Demetrio   Pues si estuviera yo en mí,   1160
                no me tuvieras tú allá.

Aurora (Aparte.)   (La resistencia se apura...)
                Mira que eso es frenesí.

Demetrio   ¿Y eso no estimas en mí?

Aurora   No, señor, que una locura   1165
                no obliga a amor ni a piedad.

Demetrio   ¿Tan mal pasa en su tormento
                quien todo su entendimiento
                da por una voluntad?
                Pues ya que estoy de mí ajeno,   1170
                que me restaure tu amor
                quiero.

Aurora   ¿Qué intentáis, señor?

Demetrio   Que me mate este veneno.

(Intenta besar la mano de Aurora.)

Aurora (Aparte.)   (Mi pecho no es poderoso...
                        Cielos, al honor apelo...)   1175
                        Esperad...

(Dentro, Alejandro.)

Alejandro   ¡Válgame el cielo!

Aurora   ¿Qué es lo que escucho?

Irene   Tu esposo.

Aurora   ¡Ay señor, salid de aquí!

(Salen Alejandro y Greguesco.)

Alejandro   En mi sombra tropecé
                        para torcerme este pie.   1180
                        Pero, ¿qué miro? ¡Ay de mí!

Greguesco   Yo también he tropezado.

Alejandro (Aparte.)   (¿El príncipe aquí...? ¿Qué es esto?
                        ¿Con Aurora descompuesto,
                        descolorido y turbado...?)   1185

Greguesco   Bellacas señales son:
                        sin duda, nuestros tobillos
                        cayeron en los ladrillos
                        y ellos en la tentación.

Demetrio   ¿Primo?

Alejandro   ¿Gran señor?

Demetrio (Aparte.)	(Yo muero.)	1190
	Hasta aquí os entré a buscar,	
	que os he menester hablar,	
	pero en mi cuarto os espero.	
(Aparte.)	(Al verle otro mal me mata...)	

(Vase.)

Alejandro (Aparte.)	(¡Cielos, yo estoy sin sentido!)	1195
Aurora	¿Qué traes, señor?	
Alejandro	Heme torcido	
	este pie.	
Greguesco	Y yo aquesta pata,	
	mas no me salió el almagre.	
Aurora	Pues, señor, que andes te pido.	
Greguesco	Sí, por Dios, que un pie torcido	1200
	se puede volver vinagre.	
Alejandro	Dices bien, eso es mejor,	
	porque no cobre algún frío.	
(Aparte.)	(¿No basta un mal, honor mío...?)	
Aurora	¿Te ha dado mucho dolor?	1205
Alejandro	No, no es cosa de cuidado,	
	él cesará andando un poco.	
(Paseándose.)		
(Aparte.)	(¡Tente, pensamiento loco!)	

Greguesco	Yo me paseo a tu lado.	
Irene	¿Pues caístes tú?	
Greguesco	¡Bobería! ¿Siendo capitán? ¡Pues no!	1210
Irene	¿Pues qué importa eso?	
Greguesco	Que yo tropiezo de compañía.	
Aurora (Aparte.)	(¡Turbado está el corazón!) ¿Sienteslo menos, bien mío?	1215
Irene (Aparte.)	(Eso sí, pesia a tu tío, ve tomando la lición.)	
Alejandro (Vuelve a ella.)	El calor lo vencerá. ¿Habló el príncipe contigo?	
Aurora	Pensó que estabas conmigo y entró a buscarte hasta acá. No dejes, señor, de andar.	1220
Alejandro	Que va creciendo imagino.	
Aurora	Pues anda.	
Alejandro	¿Ha mucho que vino?	
Aurora	Ahora acabó de entrar.	1225

(Vuelve.)

Alejandro (Aparte.)   ¿Ahora? (Ésta fue la ocasión...)

Aurora   ¿Y en qué caíste?

Alejandro   No sé,
pienso que no tropecé...
(Vuelve a pasearse.)   ... más que en mi imaginación.

Irene   Tu belleza lo apresura   1230
y ésa sería la ocasión.

Greguesco   No, que para un tropezón
no es menester hermosura.

Aurora (Aparte.)   (Cuando ese amor le desvele
de mí queda bien pagado.)   1235

Alejandro (Aparte.)   (¡Oh, qué fuerte es un cuidado!)
¿Y entró solo?

(Vuelve.)

Greguesco (Aparte.)   (Allí le duele.)

Aurora (Aparte.)   Solo entró. (Mucho cuidado
le da... ¡Cielos, ¿si le oyó...?!)
Tu voz, señor, me dejó   1240
el corazón asustado.
¿Te da ya menos desvelos?

Alejandro   Ahora más vivo está.
(Vuelve a pasearse.)   ¿Y ha entrado otra vez acá?

Aurora (Aparte.)   No, señor. (¿Qué es esto, cielos?)   1245

Greguesco (Aparte.)   (Algo asustada la veo...
                       La pregunta es la ocasión,
                       las primeras damas son
                       que no gustan de paseo.)

Aurora   ¿Quieres que adonde te heriste   1250
                       te apriete una venda yo?

Alejandro   ¿A quién por mí preguntó?

Aurora   A mí.

(Vuelve muy enojado.)

Alejandro   ¿Pues por qué saliste?

Aurora   Que erré sin culpa es testigo
                       el corazón que te adora.   1255

Irene (Aparte.)   (Ésa es la lición, señora.)

Alejandro   Yo no sé lo que me digo.
                       No puedes tú, Aurora, errar.
                       Vete, que el dolor me obliga
                       a no pensar lo que diga.   1260

Aurora   Aunque sea con pesar
                       de que en despedirse tarde
                       ese dolor, irme quiero,
                       que obedecerte es primero.

| Alejandro | Menos es ya; Dios te guarde. | 1265 |

| Irene (Aparte.) | (Eso es, señora, ficción.
Y dalle.) | |

| Aurora (Aparte.) | (¡El vivir me va!) | |

| Irene (Aparte.) | (Miren cuál la tengo ya,
solo con una lición.) | |

(Vanse.)

Alejandro	¡Ay, de mí! ¡Ay, amor infiel!	1270
	¿No bastó perder a Nise	
	sin que tu traición me avise	
	de otra pena más cruel?	
	Mas, ¡cielo, un guante he mirado	
	que al príncipe se cayó!	1275
	Quien aquí un guante dejó	
	no estuvo muy sosegado...	
	Mas, ¿qué indicio es éste? En vano	
	lo dudo, pues da a entender	
	el guante que es menester	1280
	que se le vaya a la mano.	
	¡Ay de mí, guardarle quiero,	
	no lo entienda ese criado!	

Greguesco	¡Ay señor, que aquí he topado	
	un indicio verdadero	1285
	de más mal!	

| Alejandro | ¿Qué dices, necio? | |

| Greguesco | Un guante que se ha caído, | |

y que del príncipe ha sido
se le conoce en el precio.

Alejandro   ¡Cielos, en solo un encuentro   1290
              me prevenís todo el mal!

Greguesco   Por Dios, que es mala señal,
              porque estaba muy adentro...

Alejandro   ¡Necio, loco, majadero,
              si se me cayó ahora a mí...!   1295
              ¿Qué imaginas?

Greguesco   ¿Éste...?

Alejandro   Si
              ves aquí su compañero,
              ¿tan presto tu pecho indicia
              ese malicioso error?

(Saca el otro guante.)

Greguesco   Soy casa pobre, señor,   1300
              y estoy hecha a la malicia.

Alejandro   Pues para malicia tal,
              ¿qué indicios aquí se ven?

Greguesco   Un guante que huele bien
              obliga a discurrir mal.   1305

Alejandro   ¡Vete, villano, de aquí
              o te mataré!

Greguesco   ¡Ay, señor,
                     temple Nise tu furor,
                     que entra en tu cuarto!

Alejandro   ¡Ay de mí...!

(Salen damas y Nise.)

Nise   Avisa, Laura, a mi prima.   1310
                     Mas... ¡ay pesares!, ¿qué veo?

Alejandro   Veis, señora, a un infeliz,
                     a un triste y mísero objeto
                     de la pena y del dolor,
                     de desdichas un compuesto,   1315
                     un venturoso, soñando,
                     un desdichado, despierto,
                     una muerte con que vivo,
                     una vida con que muero,
                     un cuerpo que está sin alma   1320
                     y un alma que está sin cuerpo:
                     porque como os la entregué
                     y os la han sacado del pecho,
                     hallando el mío al volver
                     de ansias y pesares lleno   1325
                     ni puede entrar en el mío
                     ni quiere que vuelva al vuestro.

Nise   Creyendo que ya en su cuarto
                     no estuvierais, a ver vengo
                     a mi prima, mas estando,   1330
                     me excusáis el cumplimiento.

Alejandro   ¡Tened, señora, esperad!,

que si es ése vuestro intento
yo me iré porque mi esposa
logre los favores vuestros,   1335
que acaso podrá tocarme
despúes a mí parte dellos,
pues si ahora vuestro Sol
recibe Aurora en su pecho
cuando yo vuelva a sus brazos   1340
gozaré en ella el reflejo.

Nise   Esperad.

Alejandro   ¿Qué me mandáis?

Nise (Aparte.) (Amor, dame sufrimiento
ya que me das esta pena,
que si me matan los celos   1345
también tú mueres conmigo.)
Que conozcáis que no quiero,
si logra Aurora mis rayos,
que hallar pueda algunos vuestros
entre los míos, que basta   1350

(Aparte.)   que de vos (¡No tengo aliento!)
los reciba sin que venga
a lográrselos mi pecho
por si le han quedado algunos.
Y ansí, aquel retrato vuestro   1355
que cuando yo imaginaba

(Aparte.)   que erais mío (Ya prevengo
que esto fue imaginación)
os pidió, si no el deseo,
digo el gusto..., no, el cariño...,   1360

(Aparte.)   la ausencia... (Con nada acierto...),
que os pedí estando en la guerra,

donde esgrimiendo el acero
triunfante del enemigo
os retratasteis, os vuelvo.   1365
Tomalde y mirad que lleva
de haber estado en mi pecho...

(Aparte.)   mas... (¡Pero cielos, qué digo!
¡Adiós, que amor todo es yerros!)

Alejandro   ¿Qué es lo que lleva, señora?   1370

Nise   Iba a decir...

Alejandro   Eso espero.

Nise   ... que de estar...

Alejandro   Decildo pues.

Nise   ...conmigo...

Alejandro   Yo lo padezco.

Nise (Aparte.)   ...lleva... (Mas no es tiempo ya...)

Alejandro   No me deis ese tormento   1375

Nise   Lleva mi alma, Alejandro.
                   Ya lo dije, ya lo peno;
                   mas sin habértelo dicho
                   pudieras tú conocerlo,
                   pues sabes bien lo que quise   1380
                   y no ignoras lo que siento.

Alejandro   Oye, señora...

Nise	¿Qué dices?	
Alejandro	¿Tú me das tal desconsuelo?	
Nise	¿Pues qué he de hacer?	
Alejandro	Darme alivio.	
Nise	¿Tantos son los que yo tengo?	1385
Alejandro	Pues no me des esta pena.	
Nise	Está el corazón tan hecho a darte de lo que tiene que por darte, aunque te pierdo, sin saber lo que es te da de lo que tiene allá dentro.	1390
Alejandro	¿Y es fineza?	
Nise	Sí, Alejandro.	
Alejandro	¿Dónde está?	
Nise	En lo que te vuelvo.	
Alejandro	¿Qué me vuelves?	
Nise	La memoria.	
Alejandro	¿Y la voluntad?	
Nise	No puedo.	1395

Alejandro   ¿Por qué?

Nise   Porque la he perdido.

Alejandro   ¿Perdido?

Nise   Pluguiera al cielo.

Alejandro   ¿Tuve yo culpa?

Nise   No sé.

Alejandro   ¿Y es fineza o puede serlo
                 por volverme la memoria   1400
                 quitarme el entendimiento?

Nise   ¿Pues te ha quedado esperanza?

Alejandro   Solo de morir la tengo.

Nise   ¿Y yo la tengo de vida?

Alejandro   No, señora, ¿pues qué haremos?   1405

Nise   Muera yo, pues te he perdido.

Alejandro   No viva yo, pues te pierdo.

Nise   ¡Oh, violencia!

Alejandro   ¡Oh, tiranía!

Nise   Que no me mires te ruego.

Alejandro	¿Eso pides?	
Nise	Y esto importa.	1410
Alejandro	¿Por qué si quedo muriendo?	
Nise	Por no llevar un alivio con que resista el tormento.	

(Vase.)

Greguesco (Aparte.)	(Ahora entra aquí el furor,	
	va un doblón que hay manoteo.)	1415
Alejandro	¡Ay de mí!	
Greguesco (Aparte.)	(¡Ay de mí también!)	
Alejandro	¡Cielos!	
Greguesco (Aparte.)	(Miren si di en ello.)	
Alejandro	Para ahora eran los rayos.	
Greguesco	Señor, ¿vuelves al paseo?	
Alejandro	¡Ay que mi pecho se abrasa!	1420
Greguesco	¡Agua, señores! Llamemos las jeringas de la villa.	
Alejandro	¡Que me abraso...!	

Greguesco (Aparte.)   (¡Que me quemo!)

Alejandro   ...en fuego de amor y honor!

Greguesco   Yo, de comer un pimiento.   1425

Alejandro   ¡Socorro, cielos!

Greguesco   ¡Socorro!

Alejandro   ¿No hay quien le traiga?

Greguesco   ¡Agua presto!

Alejandro   No basta.

Greguesco   ¡Pues venga vino!

Alejandro   Apaga, apaga el incendio.

Greguesco   Déjame entrar al tejado.   1430

Alejandro   ¿No ves que amor toca a fuego?

Greguesco   Es la verdad, dan, din, don.

Alejandro   ¿No lo has visto?

Greguesco   Ya lo veo.

Alejandro   ¿Pues qué esperas? ¿A qué aguardas?

Greguesco   Por Dios, señor, que paremos,   1435
                      porque no hay nuncios en Francia

y hay mucho de aquí a Toledo.

Alejandro	Tienes razón, ¡ay amigo!,
	que no es de mi heroico pecho
	esta desesperación;	1440
	mas ¿qué he de hacer si vinieron
	sobre el incendio de honor
	que estaba en el alma ardiendo
	las llamas de amor y, juntas
	dos causas para un efecto,	1445
	me quitó el fuego el valor
	y el humo el entendimiento?
	¿Mi primo —¡ay de mí!—, de Aurora
	amante, atrevido y ciego?
	Pues ahora reconozco	1450
	que este amor era su empeño,
	yo al mío desesperado:
	¿qué es esto, piadosos cielos?
	A un corazón afligido,
	¿qué le dejáis por consuelo	1455
	si era mi esposa su alivio
	y está el alivio en un riesgo?

(Sale Demetrio.)

| Demetrio | ¿Alejandro? |

| Greguesco | Otra qui volta. |

| Alejandro | ¿Señor? |

Demetrio	Cierto que estáis necio;
	cuando os espero en mi cuarto,	1460
	¿vengo a deciros al vuestro?

	¿Os olvidáis desta suerte?	
(Aparte.)	(De celos y envidia muero.)	
	Aunque estéis recién casado,	
	los cariños tienen tiempo	1465
	y no estorban la asistencia	
	del príncipe.	

Alejandro   Yo os la debo,
              mas mi esposa...

Demetrio   Bien está.
(Aparte.)   (Aun esto sufrir no puedo.)
              Vuestra asistencia esta noche   1470
              he menester, al empeño
              de una dama que visito.
(Aparte.)   (Sacarle de aquí pretendo
              y dejarle asegurado
              donde pueda darme tiempo   1475
              para lograr atrevido
              a costa de todo riesgo
              de tanto ardor el alivio.)
(A él.)   Y fío de vuestro aliento
              que me guardéis las espaldas.   1480

Greguesco   Yo soy bravo para eso.

Alejandro   ¡Quita, necio!

Demetrio   Y vos también.
(Aparte.)   (Así aseguro mi intento.)
              Venid, pues.

Greguesco   No, sino no.
              Las espaldas, ¡vive el cielo!,   1485

que aunque fueran de tocino
las guardara entre tudescos.

Alejandro (Aparte.)   (Esto es querer deslumbrar
mi sospecha y yo no puedo
tener con él más que queja,   1490
que es mi príncipe, en efeto;
dársela yo no es cordura,
disimular que la tengo
es alentar su osadía...
Mas ya se me ofrece un medio   1495
que no sea queja y sea aviso
que le ataje sus intentos.)

Demetrio   Vamos, Alejandro.

Alejandro   Vamos...
Esperad, señor...

Demetrio   ¿Qué es eso?

Alejandro   Los guantes se os han caído.   1500

Demetrio   Os engañáis, que aquí dentro
no se me ha caído nada.

Alejandro   Sí, señor, que estos son vuestros.

Demetrio   ¿Míos son?

Alejandro   Sí, gran señor.

Demetrio   ¿O vuestros...?

| Alejandro | Pues yo os los vuelvo. | 1505 |

Alejandro

Pues yo os los vuelvo.
Vuestros son, señor, sin duda,
que ahora aquí se os cayeron.
Tomaldos pues y advertid
que por estar más atento
a guardar bien lo que es mío
os vuelvo yo lo que es vuestro.

Demetrio (Aparte.)

(Cuando vine a ver a Aurora
se me cayeron; mas esto
no es para sospechas.) Vamos.

Alejandro

Ved que vais en un empeño.

Demetrio

¿De qué?

Alejandro

Los guantes, señor,
trae el príncipe compuestos
de buen olor, porque visten
la mano, que es instrumento
de tu liberalidad,
y el olor, sabe el discreto,
que es símbolo del honor,
pues por culto le ofrecemos
al altar en sacrificio;
y pues aquí se os cayeron,
por dar honor a mi cuarto
advertid que a este aposento
no ha de quitar vuestra mano
lo que los guantes le dieron.

Demetrio (Aparte.)

(Ya él sospecha. Cuerdamente
me avisa, mas yo estoy ciego
y he de atropellar por todo.)

| | Siendo para honores vuestros | |
| Alejandro | yo lo diera por ganancia | |

Siendo para honores vuestros
yo lo diera por ganancia
cuando llegara a perdellos.   1535
Venid.

Alejandro   Perderlos, señor,
                 no es posible en mi aposento.

Demetrio   ¿Por qué?

Alejandro   Porque en asistiros
                 me tenéis ya tan despierto
                 que es preciso que yo vea   1540
                 cuanto se os caiga aquí dentro.

Greguesco (Aparte.) (Muy mal güelen ya estos guantes
                     y que se vuelvan temo
                     para mi amo de venado
                     y para Aurora de perro.)   1545

(Vanse y sale Irene con luces.)

Irene   Luces salgo a prevenir
                 y pues sola me provoco,
                 de soliloquear un poco
                 licencia vengo a pedir.
                 Mosqueteros, a estas pocas   1550
                 coplas me dad la costumbre,
                 porque si ellas no dan lumbre
                 son de fuego vuestras bocas.
                 De honor y amor mi ama herida
                 se ve, y yo he de discurrir   1555
                 de qué nos viene a servir
                 el honor en esta vida,

aquesta mental bambolla
que es desdicha no tenella
y el que la tiene, con ella   1560
no puede poner la olla.
Si por su honra una mujer
vive a la Puerta Cerrada,
por fuerza ha de ir la cuitada
a San Francisco a comer.   1565
Honor la veda que acuda
a toda festividad,
honor la da gravedad
pero la tiene desnuda.
Honor la quita el paseo,   1570
honor la da siempre susto,
honor la priva del gusto
y no la quita el deseo.
Honor nos hace groseras,
pues ¿de qué discurso en esto   1575
sirve el honor si tras esto
no da pollos ni polleras?
Él las más noches condena
a ayuno a quien le ha tenido,
que parece que ha incurrido   1580
en la Bula de la Cena.
Y al contrario desta flor,
miren qué vida en la villa
para cualquier picarilla
que no sabe qué es honor: 1585
Ella se trata de holgar
y a esto solo está dipuesta;
ella vive a puerta abierta
y ninguno la va a hurtar;
ella todo lo ha de ver,   1590
su gusto a todo prefiere;

ella sale cuando quiere
y entra cuando ha menester.
No es pena faltarle el coche
y el tenerle es alegría;   1595
si no vendimia de día
sale a rebuscar de noche.
Si se tapa de medio ojo
cuanto quiere ser parece,
come de lo que apetece   1600
y no malpare de antojo.
Y en vida tan desigual
su gusto hace y no es error,
pues porque no tiene honor
a nadie parece mal.   1605
Pues, honor pataratero,
¿de qué sirves o has servido
si no me das lo que pido
y me quitas lo que quiero?
Mas ya el soliloquio cesa,   1610
pues salen Nise y Aurora,
que en este partido ahora
una juega, otra atraviesa;
y los músicos con ellas
a aumentar melancolías;   1615
si estas penas fueran mías,
¡qué presto saliera de ellas.

(Salen músicos, Nise y Aurora.)

Músicos   Corazón, pues tú quisiste
                     amar a quien te perdió,
                     que mueras o vivas triste,   1620
                     ¿qué culpa te tengo yo?

Nise   Aurora, a quien triste está
                        nada alivia su desvelo.

Aurora   Cuando yo busco consuelo,
                        poco tu pena me da.   1625

Nise   Es verdad y yo lo siento,
                        Aurora, pero la mía
                        es una melancolía
                        de ignorar mi sentimiento;
                        si ella tu pena aumentó   1630
                        ya en esta canción oíste:

Músicos   Que mueras o vivas triste,
                        ¿qué culpa te tengo yo?

Aurora   Pues, señora, si tu pena
                        no es alivio de la mía   1635
                        no puede darte alegría
                        la que a mi pecho condena:
                        yo peno por la tibieza
                        que hallo en mi esposo, señora.

Nise   No es ese dolor, Aurora,   1640
                        alivio de mi tristeza.

Aurora   Pues irme será mejor,
                        que mi preciso pesar
                        ni puede el tuyo aliviar
                        ni moderar su rigor   1645
                        y pues él no le causó,
                        diré, como tú dijiste:

Músicos   Que mueras o vivas triste,

¿qué culpa te tengo yo?

(Vase.)

Nise

¡Qué en vano son tus consejos!   1650
Aquí sola me dejad,
retiraos, pues, y cantad,
que os quiero oír desde lejos.

(Sale Demetrio.)

Demetrio

Ya a Alejandro asegurado
en una casa dejé,   1655
donde en otra puerta hallé
la ocasión que ya he logrado.
Él allí me ha de esperar
hasta que vuelva y, pues muero,
el alivio lograr quiero,   1660
que no me puede estorbar.
Mas ¡cielo!, a mi desvarío
la ocasión Aurora da:
¡qué triste y suspensa está!
¡Ay, hermoso dueño mío!,   1665
si mi padre te casó
y tú obedecer quisiste:

Músicos

Que mueras o vivas triste,
¿qué culpa te tengo yo?

Nise

¡Ay, cielos!, ¿quién está aquí?   1670

Demetrio

Yo, ingrata, yo: un desdichado
que de favor coronado
de tu hermosura me vi,

y a pesar de tu desvelo,
salamandra de mi amor,   1675
vengo a vivir en tu ardor
por no morir en tu yelo.

Nise   ¡Cielos!, ¿qué es esto, señor?

Demetrio   ¿Aurora?

Nise   Detente, hermano.

Demetrio   ¿Qué miro? ¡Ay de mí! No en vano   1680
creyó su dicha mi amor;
como bien tan deseado,
Aurora te imaginé,
mas ¿cuándo a un triste no fue
todo el bien imaginado?   1685
¡Ay Nise, aunque tu beldad
ignore desta pasión
que padezco la aflicción,
no lo extrañe tu piedad!
¿Dónde está Aurora? ¡Ay de mí!   1690
¿Dónde está? ¿Dónde se fue?

Nise   Señor, ¿tu pasión no ve
los riesgos que emprende aquí?
¿Qué buscas cuando advertir
debes tan justos enojos?   1695

Demetrio   El veneno de sus ojos
para acabar de morir.
¡Déjame entrar a buscalla!

Nise   Señor, mira que es ahora

mi primo esposo de Aurora   1700
y a mí me toca guardalla.

Demetrio   No estoy para reparar,
               Nise, ni para advertir.
               Yo he de buscalla o morir.

Nise (Aparte.)   (No he de poderle templar,   1705
                 porque lo estorba su alteza;
                 mejor es que al rey avise
                 y débame, pues le quise,
                 Alejandro esta fineza.)
                 Señor, conociendo yo   1710
                 el riesgo que te provoca
                 advertírtele me toca,
                 pero defenderle no.

(Vase.)

Demetrio   Ya yo estoy desesperado
               y seguro de su esposo,   1715
               y a lo menos voy dudoso
               cuando lo más he logrado.
               Mas si he de lograr mi amor
               las luces quiero matar,
Mata la luz.   que la luz no ha de ayudar   1720
               para apagar un ardor.
               Con que no me vea la obligo
               a lo que mi amor intenta,
               que aun el cómplice en la afrenta
               estorba como testigo.   1725

(Salen Alejandro y Greguesco.)

Alejandro   Ven tras mí.

Greguesco   Sin mí voy yo.

Alejandro   Luego su engaño pensé.

Greguesco   Por otra puerta se fue
                   y a palacio se volvió.

Alejandro   Dejarme quiso seguro.   1730

Greguesco   Mas olímosle la flor.

Demetrio   Ya dilatarlo es peor.

Alejandro   Mas todo el cuarto está oscuro...

Demetrio   Logre mi amor la ocasión.

(Vase.)

Alejandro   Pasos siento y muy escasos,   1735
                   ¿qué haré?

Greguesco   ¿Qué? Si sientes pasos,
                   irte tras la procesión.

Alejandro   Cielos, ¿qué ocasiona esto?
                   ¿Mi cuarto oscuro? Mas no...,
                   si a él el príncipe volvió   1740
                   poco tengo que dudar.
                   ¡Ay infelice, pues vi
                   tanto indicio al primer paso...!
                   Con el aliento me abraso,

mas no es posible, ¡ay de mí!,   1745
que si Aurora a estar no llega
muy ciega, ofensa me haga;
mas quien las luces apaga
no importa que no esté ciega...
Di, ¿vístelo bien?

Greguesco   No entiendo.   1750

Alejandro   ¿Salió el príncipe?

Greguesco   Salió.

Alejandro   ¿Y volvió hacia acá?

Greguesco   Volvió.

Alejandro   ¿Siguiéndole tú?

Greguesco   Siguiendo.

Alejandro   ¡Cuál se fragua un mal!

Greguesco   Se fragua.

Alejandro   ¡Destino es esto!

Greguesco   Destino.   1755

Alejandro   ¿Y vino a mi cuarto?

Greguesco   Vino,
y pluguiera a Dios fuera agua.

| Alejandro | ¿Pues qué espera el dolor mío? |
| | Pasos siento, el aire abraso. |

(Saca la espada.)

| Greguesco | Yo escurro, que en este paso | 1760 |
| | no quiero ser el judío. |

Alejandro	A dudar lo que haré llego,
	que sin luz y con la ofensa
	que dudosa el alma piensa,
	vengo a estar dos veces ciego.	1765

Greguesco	Por dónde voy, ya de espanto
	no sé; y pues este suceso
	ha de salir luego impreso,
	sacar dél no quiero un tanto.

(Sale el rey.)

| Rey | ¡Extraña resolución! | 1770 |
| | Mas ¿cómo aquí escuro está...? |

| Greguesco | No hallo la puerta. |

(Sale Alejandro.)

| Alejandro | ¿Quién va? |

(Sale.)

| Greguesco | ¡Oh, pesia a mi corazón, |
| | que los cascos me han quebrado! |

(Topa con el rey.)

Rey   ¿Quién es que en todo tropieza?   1775

Greguesco   ¡Ay señor, que de cabeza
no estoy yo tan bien armado!

Rey   ¿Qué es esto? ¿Quién está aquí?
¡Criados, luces sacad!
¡Ah de mi guarda, llegad!   1780

Alejandro   ¡Éste es el rey! ¡Ay de mí...!
Disimular me conviene
para asegurar mi honor.

Rey   ¡Ah de mi guarda!

(Salen damas con luces, Nise y criados.)

Nise   ¡Señor!,
¿qué es lo que tu voz previene?   1785

Alejandro   Señor, ¿para qué llamáis?

Nise   ¿Qué es esto?

Alejandro (Aparte.)   (¡Ah, honor desdichado!)

Greguesco   Si soy yo el descalabrado,
¿a quién se lo preguntáis?

Rey (Aparte.)   (Disimularlo conviene   1790
por mi sobrino.)

Alejandro	¡Ay de mí!
Rey	¿Quién estaba ahora aquí?
Alejandro	Señor, ¿pues qué duda tiene vuestra alteza?
Rey	Algún traidor de que he venido avisado causa me da este cuidado.

1795

Alejandro	¿En mi cuarto?
Rey	Sí.
Alejandro	¡Ay honor!
Rey	Y todo he de verlo yo.

(Toma Alejandro la luz para acompañar al rey.)

| Alejandro | Entrad... ¿A qué os detenéis? |
| Rey | A que al príncipe llaméis. |

1800

Alejandro	¿Pues dónde está?
Rey	Adentro entró.
Alejandro	Pues, señor, a llamarle entro.
Rey	No. Yo he de entrar. Esperad.

(Sale Aurora huyendo del príncipe.)

| Aurora | ¡Cielos, mi honor amparad, | |
| | que el príncipe está aquí dentro! | 1805 |

| Alejandro | ¡Ay de mí!, ¡empeño cruel...! | |

(Sale Demetrio.)

| Demetrio (Aparte.) | (La ocasión he malogrado.) | |

| Greguesco (Aparte.) | (El lance viene rodado, | |
| | que es lo peor que hay en él.) | |

| Aurora | ¡Señor, mi honor es testigo...! | 1810 |

| Rey | ¿De qué os asustais, señora? | |

| Aurora | De ver que el príncipe ahora... | |

Rey	El príncipe entró conmigo	
	porque avisados los dos	
	de una traición aquí entramos:	1815
	a escuras el cuarto hallamos	
	y acaso encontró con vos	
	porque él se arrojó delante	
	por el recelo que digo.	

| Demetrio | Señor, yo... | |

| Rey | ¿Entrasteis conmigo? | 1820 |

| Demetrio | Sí, señor, en este instante. | |

| Rey | ¿Y como a escuras estaba | |

encontrasteis con Aurora...?

Demetrio   Sí, señor.

Rey   Siendo así, ¿ahora
                de qué os turbáis?

Greguesco (Aparte.) (¡Cuál la clava,   1825
                oh viejo de mal consejo!)

Alejandro (Aparte.) (¡Un Etna es cuanto respiro!,
                ¡ya es cierto mi mal!)

Greguesco (Aparte.) (¿Qué miro?,
                ¡alcahuetico es el viejo!)

Rey   ¿Visteis [a] alguien?

Demetrio   No, señor,   1830
                solo todo el cuarto estaba.

Greguesco (Aparte.) (Al intento que él llevaba,
                eso le estaba mejor.)

Rey (Aparte.)   (En causa tan afrentosa
                yo pondré freno a su error.)   1835
                Alejandro.

Alejandro   Gran señor.

Rey   Retiraos con vuestra esposa.

Alejandro   Pues, señor, ¿qué es lo que pasa?

Rey	No habéis menester saber	
	más de que importa tener	1840
	cuidado con vuestra casa.	

| Alejandro | No me dejan qué dudar |
| | razones tan evidentes. |

| Greguesco (Aparte.) | (Como el viejo está sin dientes | |
| | nos la quiere hacer mamar...) | 1845 |

Alejandro	Ya te obedezco, señor.
(Aparte.)	(Honor, dame sufrimiento:
	o muera mi pensamiento
	o máteme su dolor.)
(Aparte.)	Ven, Aurora. (Amenazalla	1850
	es error.)

| Aurora (Aparte.) | (Yo voy sin vida.) |

| Alejandro (Aparte.) | (Honor, ya es cierta la herida, |
| | lo que ahora importa es curalla.) |

Vanse los dos.

| Rey | Vete, Nise. |

| Nise | Ya te dejo. | |
| (Aparte.) | (Y al dolor el alma rindo.) | 1855 |

| Rey | Retiraos todos. |

(Vanse todos y queda el rey y Demetrio.)

| Greguesco (Aparte.) | (¡Qué lindo |
| | alcahuetico es el viejo!) |

(Vase.)

Rey

Ya estamos solos, Demetrio,
y ya el fingimiento cesa,
que obrar allí como padre   1860
y aquí como rey es fuerza:
como padre te saqué
del peligro, que una ofensa
hecha a un vasallo leal
es en el príncipe afrenta.   1865
El príncipe a dar se obliga
honor a quien le merezca,
que cuanto da al buen vasallo
crece más en su grandeza
y cuando el honor le ofende   1870
verá que le falta della
lo que al vasallo le quita
y lo que darle pudiera.
Premio y castigo en la mano
ha de tener el que reina,   1875
no injurias, no, porque tienen
contrarias naturalezas
y unas a otras se excluyen;
y así, cuando con violencia
toma la injuria en la mano   1880
se le caen las otras della.
A dos peligros te arrojas,
Demetrio, en acción tan fea:
uno la alteza te quita
y otro la vida te arriesga.   1885
La alteza, porque la injuria
te quita de rey las señas;
la vida, porque no tienes

respeto que la defienda,
pues si el temor de perderte   1890
el respeto es la defensa,
cuando no pareces rey
no tienes quien te defienda.
El horror del sacrilegio
en quien contra el rey pelea   1895
le acobarda los impulsos
con que de ofenderle tiembla,
mas si en la injuria la insignia
de tirano es la que llevas
no es sacrílega la mano   1900
del que no te la respeta.
Como padre esto te advierto
y como rey mi entereza
os avisa de que tengo
castigos para el que yerra,   1905
y no penséis que por ser
hijo mío os lo suspenda,
porque, como rey, también
soy padre del que se queja.
La sangre de mis vasallos   1910
como rey tengo en mis venas,
vos seréis de la mejor
mas ellos son della mesma.
La del corazón del rey
es la justicia: temedla,   1915
que aunque sois sangre, es la sangre
del corazón la primera.
Y para que no dudéis
el rigor de mi sentencia,
vos a mis ojos ahora   1920
de quien sois no tenéis señas.
Yo, en dejar de castigaros,

la insignia de rey perdiera
y me pareciera a vos,
mirad ahora si es cierta...   1925

Demetrio   Pues ya que me la amenaza,
                  deténgase vuestra alteza.

Rey   ¿Qué he de oíros?

Demetrio   Mi razón.

Rey   ¿Razón hay para una ofensa?

Demetrio   Sí, señor.

Rey   No la digáis.   1930

Demetrio   ¿Pues será mejor que muera?

Rey   Sí, morid.

Demetrio   Pues eso haré
                  si el amor no me despeña.

Rey   Pues, príncipe, la justicia
                  aun a mí no me reserva,   1935
                  que aunque el cielo lo ejecuta
                  en el rey, súbdito es della;
                  la ley es común a todos,
                  no faltéis a su obediencia,
                  que La fuerza de la ley   1940
                  es más que la de esa peña.

Demetrio   ¿Pues qué he de hacer?

Rey	Olvidalla.

Demetrio	No es posible.

Rey	Ni el quererla.

Demetrio	¿Y mi vida?

Rey   Déjame,
                Demetrio, que me atormentas.
                Mas yo a tan violento daño
                pondré el remedio en la ausencia.

Demetrio   Yo moriré a su rigor
                si no hay alivio a mi pena.

                Fin de la segunda jornada

Jornada tercera

(Salen músicos, el Rey y Nise.)

Nise	Templa tu riguridad,	1950
	señor, en esta ocasión.	
Rey	¿Pues tan injusta pasión	
	puede mover a piedad?	
Nise	Si ya has llegado a quitalle	
	la vista de Aurora bella	1955
	—pues Alejandro con ella	
	vive en la Quinta del Valle—,	
	no le des el desconsuelo	
	al príncipe en su dolor	
	de no verle, pues su amor	1960
	causa violencia del cielo:	
	la que a esta pasión le obliga	
	estrella enemiga es	
	y no es razón que tú estés	
	de parte de su enemiga.	1965
Rey	Por vencer su obstinación	
	mi atención condena ahora	
	a Alejandro con Aurora	
	a un destierro sin razón.	
	Pues si este rigor es justo,	1970
	¿quieres que piadoso sea	
	con un delito, y que vea	
	llorar amor tan injusto?	
	Consuela tú su tormento,	
	que eso te está bien a ti,	1975
	que harta piedad es en mí	

permitir su sentimiento.

Nise   Éste es su cuarto, aquí está.
            Yo mi música he traído
            para aliviarle y te pido   1980
            que le veas.

Rey   No podrá
            mi entereza cuando ofrece
            tanta culpa su rigor,
            que la causa del dolor
            le infama lo que padece.   1985
            Consuélele tu fineza,
            que yo voy a prevenir
            que salgas a divertir
            hoy al campo su tristeza.

(Vase.)

Nise   ¡Oh pena tan desdichada,   1990
            que me obligas a callar!
            ¿Vengo para consolar
            yo o para ser consolada?
            Cantad ya, pues ya se ofrece
            el príncipe allí asentado: 1995
            en lo sufrido y callado,
            bulto de piedra parece.

Músicos   De los rigores de amor
            muriendo Demetrio está,
            nunca más quejosa el alma   2000
            ni con menos libertad.

(Descúbrese Demetrio sentado, mirando un retrato.)

Demetrio   ¡Ay de mí! ¡Ay divina Aurora!
                  ¿Viéndote yo no me ves?

Nise   ¡Hermano, señor...!

Demetrio   ¿Quién es?

Nise   Quien más por tu pena llora;   2005
                  bien sabe amor que es verdad.

Demetrio   ¡Ay, no sé!, ¡ay, hermana mía!,
                  si esta violenta porfía
                  mueve tu pecho a piedad,
                  no extrañes que a este retrato   2010
                  haga testigo mi amor
                  de la razón de su ardor.

Nise   No es tu dolor muy ingrato
                  si ese alivio te dejó,
                  aunque sus ansias te ultrajen.   2015

Demetrio   ¿Pueden quitarme su imagen
                  teniendo memoria yo,
                  que justamente me apura?
                  Mira, Nise..., mas, primero,
                  perdóname estar grosero   2024
                  delante de tu hermosura;
                  cuando yo este rostro veo,
                  no hago mi dolor dichoso:
                  ¿puede rostro tan hermoso
                  hacer mi delito feo?   2025
                  Mira este limpio cabello
                  que vence al oro de Ofir:

¿tengo yo culpa en morir
con estos lazos al cuello?
¿Hay quien culpe mis empleos   2030
viendo a esta frente el candor,
si dan los tiros de amor
este blanco a mis deseos?
Sus bellos ojos no extrañes
al uso de amor vestidos,   2035
pues los tiene guarnecidos
de puntas y de pestañas.
Estas mejillas hermosas,
¿no dan flores mil a mil?
¿Yerro en pensar que es abril   2040
quien lleva siempre estas rosas?
Su labio, al nácar igual,
¿no disculpa la osadía
de entregarme amor que cría
tan finísimo coral?   2045
Las finas perlas agudas
de sus dientes, que al cogerlas,
las dio el amor siendo perlas
más precio por ser menudas;
su cuello, nieve que abrasa,   2050
basa es del rostro hasta el pecho,
y de alabastro está hecho
porque le sirva de basa.
¿Quién condena, si esto veo,
que arrastre en esta fineza   2055
el imán de esta belleza
al yerro de mi deseo?

Nise (Aparte.)   Nadie. (¿Cuando estoy yo aquí
                      de mi desdicha celosa,
                      pintármela muy hermosa   2060

es consuelo para mí...?)
Tienes, hermano, razón;
procúrate divertir.

Demetrio
¡Ay, Nise, yo he de morir!   2065
¡No hay remedio a mi pasión!

Nise
Cantad, sea el dulce acento,
suspendiendo su rigor,
la tregua de tu dolor,
(Aparte.)
(pero no de mi tormento.)

Músicos
Dos corazones heridos   2070
de una misma enfermedad,
ambos se daban la muerte
por no decir la verdad.

Demetrio
¿Qué es esto, Nise? ¿Tú lloras?

Nise
Hermano, siento tu mal,   2075
que aunque no sé que es amor
(Aparte.)
(¡oh si esto fuera verdad!),
al oír aquella letra
me llegó al alma el pesar,
porque al verte padecer   2080
por ver que gozando está
otro dueño esa hermosura,
como en nuestros pechos hay
una misma sangre, tiene
tal simpatía tu mal   2085
con mi propio sentimiento,
que siento yo ese pesar
del mismo modo que tú;
y cuando llorando estás

que él la goza, yo también   2090
lloro eso mismo y aun más:
porque tu sientes perderla,
yo, que él la llegue a gozar;
tú, que es hermosa y no es tuya,
yo, que eso le empeña más;   2095
tú, que sea culpa tu pena,
yo, que es afrenta el llorar;
tú padeces en la queja,
yo, en un silencio mortal;
tú lo explicas, yo lo callo;   2100
en mí es Etna, en ti volcán;
tú te abrasas y yo lloro;
tú eres fuego y yo cristal.
Porque en esta pena somos,
para padecerla más,   2105
dos corazones heridos
de una misma enfermedad.

Demetrio   ¡Ay Nise, que yo también
                doblé al oírla mi mal!,
                porque me acordó esa letra   2110
                que cuando pude gozar
                de los favores de Aurora
                los malogró en su beldad
                el callar yo mi temor
                y ella su ardor inmortal;   2115
                pues al decir que mi padre
                me trataba de casar,
                ella su amor confesara
                y obligada dello ya,
                la posesión de los dos   2120
                fuera estorbo deste mal.
                Mas ella por su recato,

yo, por temerla enojar;
ella encubrió su fineza,
yo disimulé mi afán;   2125
ella mintió su desdén,
yo mentí el riesgo a mi mal;
ella encubría su afecto,
yo callaba mi pesar;
yo, temeroso; ella, honesta;   2130
yo, asustado; ella, sagaz;
yo, en mi riesgo; ella, en su honor;
cobarde, uno; otro, leal;
nuestros finos corazones,
callando y sufriendo más,   2135
ambos se daban la muerte
por no decir la verdad.
Mas me aflige esta memoria:
¿es posible que no hay
remedio para mi pena,   2140
que he de morir...? ¿La piedad
falta para una desdicha?
Pues, ¿dónde, cielos, está?

Nise   Señor, hermano, procura
              vencer tu pena. Este mal   2145
              tiene imposible el remedio:
              casado Alejandro está
              —él vive ya de la corte
              desterrado a su pesar—,
              y quieto ya en su sospecha   2150
              viendo a su esposa leal
              y que tú te has sosegado.

Demetrio   ¡No es posible! En vano das
              consejos a mi dolor.

| | ¡Cielos, yo muero! ¡Cantad! | 2155 |

Nise   Siéntate, hermano, sosiega.

Demetrio   ¿Qué sosiego bastará?

Músicos   Las saetas de los celos
          atormentándole están,
          que quien supo querer bien   2160
          no olvidar supo jamás.

(Duérmese Demetrio.)

Nise   ¡Ay de mí, qué duras puntas!
          Durmiendo el príncipe está;
          su dolor le habrá rendido.
          ¿Señor? ¿Hermano...? Cesad,   2165
          retiraos todos, no quiero
          este alivio malograr
          a un triste, que cuando duerme
          sin sentimientos está.
          Voyme; mas dudo si el sueño   2170
          es cautela de su mal,
          porque hace nuevo el dolor
          en volviendo a despertar.

(Vase.)

(Sale Alejandro.)

Alejandro   Porque hoy le asista en el campo
          me llama el rey. ¿Dónde va   2175
          mi obediencia, si de Nise
          vengo al peligro mortal?

Pero mi primo está aquí;
el fuego de honor, que está
cubierto ya de cenizas,   2180
arde en su presencia más.
Mas, ¿qué digo? ¿De mi esposa
no tengo seguridad?
¿A prueba de mis sospechas
no está su pecho leal?   2185
¿Y el príncipe no ha olvidado
ya su ciega voluntad
desde que vivo en la Quinta?
Es príncipe: claro está
que ha de vencer su grandeza.   2190
¿Duerme...? Sí, quiero llegar...
Mas esto es atrevimiento...
No, que licencia me dan,
ya de su intento olvidado,
el amor y la amistad.   2195
Pero un retrato en la mano
tiene... ¡Oh cielos! ¿Quién será?
Alguna dama, sin duda,
que asiste, por olvidar
las ofensas de mi honor.   2200
Quien es veré. Es liviandad;
sea quien fuere, ¿para qué
su gusto he de averiguar?
Y aunque él lo ignora, ¿en mí es culpa?
Mas si se asegura más   2205
mi quietud viendo a quién ama,
¿por qué no lo he de mirar...?
Llego pues... ¡Cielos! ¿Qué miro?
Ojos, ¿cómo no cegáis?
Mas yo lo estoy, que a perder   2210
llegué la luz que tenía.

Sombra de mi fantasía,
pues no tienes otro ser,
sombra que te llego a ver,
sombra mi labio te nombra;   2215
y más por sombra me asombra,
porque infiere el alma atenta
que tiene cuerpo mi afrenta,
pues nace della esta sombra.
Yo te imaginaba honrada,   2220
mas ya temo tu traición,
que no es firme tu opinión
pues estás ya retratada.
Mirándome estás pintada;
¿cómo me miras, mujer?,   2225
¿no me llegas a temer?
Mas siendo tal mi furor,
pues me miras sin temor,
no me debes de ofender.
Mas, ¿qué dudo si el pincel   2230
tiene mi afrenta pintada?
No eres tú la retratada,
sino mi agravio cruel;
y pues el pintado es él,
cierta es mi pena mortal: 2235
traslado eres de mi mal,
que aunque lo niegue mi labio,
si hay retrato de mi agravio,
también hubo original.
Príncipe injusto y tirano,   2240
ya de ti no hay que esperar;
pues me quieres afrentar
y está mi afrenta en tu mano,
ya que eres tan inhumano,
disimularás tu error.   2245

De mi deshonra pintor
has sido; mas, ¿qué te pido
si encubrirla no has podido
dándola tanto color?
¡Cielos, a darle la muerte   2250
me incita el dolor airado!,
pero, ¡tente, impulso osado!
y que es mi príncipe advierte.
Ruido haré porque despierte...

(Hace ruido.)

Pero no vuelve... Y ya advierto   2255
que es mi príncipe y concierto
del cielo para templarme,
porque si intento vengarme,
me le enseña como muerto.
Mas ya al discurso enemigo   2260
debo un aviso: el retrato
que me volvió el pecho ingrato
de Nise traigo conmigo;
a trocársele me obligo.
Con la espada en mi defensa   2265
pintado estoy; bien lo piensa
en trocarle mi esperanza,
pues le pinto la venganza
a quien me pintó la ofensa.

(Toma el retrato que tiene el príncipe, déjale otro en su lugar y vase.)

Demetrio   ¡Tente, primo, mi deseo   2270
ya a mi pesar reprimí!
¿Tú el acero contra mí?
¿Dónde? Mas cielos, ¿qué veo?

(Despierta y ve el retrato.)

Con nuevo asombro peleo,
cuando Alejandro me asombra   2275
y en sueños mi voz le nombra,
le hallo aquí en el mismo empeño.
Pero, ¡qué mucho que a un sueño
se le parezca una sombra!
¡Hola! Mi asombro es preciso...   2280
¿Quién entró? Nadie responde.
Mas, ¿qué dudas caben donde
es lo que dudo un aviso?
Aquí entró Alejandro y quiso
avisarme como honrado: 2285
su razón me ha despertado,
que quien pintado horror da
será vivo lo que va
de lo vivo a lo pintado.
Mas templarme es cobardía: 2290
cuando a mi mano llegó,
¿del que a tanto se atrevió
perdono yo la osadía?
Pedazos, traidor, te haría,
y pues amagando en vano   2295
me está tu impulso villano,
solo a arrojarte me irrito,
que es fomentar tu delito
tenerte más en la mano.

(Arroja el retrato.)

(Sale Greguesco con un azafate de ramilletes.)

Greguesco   ¡Dejadme entrar, epicuros!   2300

Demetrio   ¿Qué es eso?

Greguesco	Señor, tu gente pasar no deja un presente.

Demetrio	¿Por qué?

Greguesco	Son hombres futuros.

Demetrio	¿Qué traéis?

Greguesco	Las flores, señor, que el jardinero te envía 2305 de la Quinta cada día, de quien soy yo el portador, aunque nunca a darme un corte mis muchos pasos te obligan, siquiera porque no digan 2310 que soy hombre de mal porte.

Demetrio	Yo pagaré al portador.

Greguesco	¿Pagaré?

Demetrio	Sí, no lo ignores.

Greguesco	¿Y qué es «pagaré»...?

Demetrio	Las flores.

Greguesco	¡Pues eso también es flor! 2315

Demetrio	¿No me fiáis?

Greguesco	Ni a mi madre

la fiara yo el pagar.

Demetrio   ¿Por qué?

Greguesco   Porque por fiar
                      perdió su hacienda mi padre.

Demetrio (Aparte.)   (En un ramillete destos   2320
                      de Irene suelo tener
                      un papel, y éste ha de ser.)

Greguesco   Todos están bien compuestos;
                      toma, señor, cual quisieres.

Demetrio   A veces por el mejor   2325
                      suele escogerse el peor.

Greguesco   Ansí lo hacen las mujeres.

Demetrio (Aparte.)   (Ya lo siento entre las flores.)
                      ¿Cómo está mi prima? Di.

Greguesco (Aparte.)   (De él me he de vengar aquí.)   2330
                      Señor, muerta...

Demetrio   ¿Qué?

Greguesco   ...de amores
                      de quien por ella está loco.

Demetrio   ¿Quién?

Greguesco   Alejandro es su encanto.

Demetrio	¿Pues tanto la quiere?	
Greguesco	Tanto que a ella le parece poco, pero tienen mil cuestiones siempre por esta porfía y así se están todo el día.	2335
Demetrio	¿Cómo?	
Greguesco	Como dos pichones.	
Demetrio (Aparte.)	(Oíllo aún siente mi pasión; deste loco sacar quiero el papel que ver espero.) ¿Y eso es reñir?	2340
Greguesco	Con razón, pues porque ella no le goce él, que es más tibio en querer, se acuesta al anochecer y se levanta a las doce. Mire si es justa queja ésta, pues la hace esta compañía y no le da en todo el día más de tres horas de siesta. Y como ella ve que tiene tal tibieza, siempre está: «Alejandro», si se va; «Alejandro», si se viene; Alejandro es su porfía; Alejandro es su festín. Y ha hecho plantar un jardín de rosas de Alejandría,	2345 2350 2355

y ha hecho que venga un Tebandro,   2360
maestro que fue de Tiburcio,
a enseñarla en Quinto Curcio,
por leer cosas de Alejandro.
Y un correo por templalla
cada día viene y va,   2365
solo a saber cómo está
a Alejandría de la Palla.

Demetrio (Aparte.) (Ya le saqué. Verle ahora
quiero, sin dar al deseo
más dilación... Mas, ¿qué veo?   2370
¡Este papel es de Aurora!)

Greguesco (Aparte.) (¡Cielo, si soy yo alcahuete,
que el príncipe ha recatado
allí un papel y se ha estado
escarbando el ramillete!   2375
No es mala la invencioncilla;
que no juegan mal, sospecho,
a los trucos, si me han hecho
alcahuete por tablilla.)

Demetrio (Aparte.) (Despedir quiero al criado   2380
por ver lo que amor promete.)
Vete pues.

Greguesco ¿No más de «vete»
a secas?

Demetrio Quedo obligado.

Greguesco Malo estáis; jamás, por Dios,
tan mal me habéis parecido.   2385

| Demetrio | ¿Mal parezco? ¿Por qué ha sido? |

| Greguesco | No voy pagado de vos. |

| Demetrio | Vete, que pagar prometo. |

Greguesco (Aparte.)	Adiós pues. (O ciego he estado
	o es papel el recatado, 2390
	y aunque éste es juicio indiscreto,
	por saber la mojiganga,
	vive Dios, me hiciera tiras.)

| Demetrio | ¿No te has ido ya? ¿Qué miras? |

| Greguesco | Muy bien hecha está esta manga.   2395 |

| Demetrio | Ven por ellas y el vestido |
| | mañana. |

Greguesco	Pues acabad,
	que de tres es necedad
	no se dar por entendido.
	Dadme la mano, que es él, 2400
	digo.

| Demetrio | ¿Que llegas a asirme? |

| Greguesco (Aparte.) | Yerro siempre en despedirme |
| | (Y ahora acerté el papel.) |

| Demetrio | Vete pues. |

| Greguesco | Mil años viva |

vuestra alteza y las campañas   2405
llene su brazo de hazañas,
pues ya tiene quién le escriba.

(Aparte.)

(Lo que el ramillete encierra
puso Irene, que a este fin
le fue a hacer, y en un jardín   2410
la criadilla no es de tierra.)

(Vase.)

Demetrio

Cielos, ¿qué es lo que habrá en él?
¿Que escribe Irene? ¡Ay amor!
¿Qué dirá? Pero mejor
me lo informará el papel.   2415

Lee.

«Mi señora está desesperada y vuestra ausencia la
ha de obligar a lo que no pudiera la vista: hoy asiste
Alejandro al rey en el campo y hace noche fuera.
La puerta del jardín estará abierta. Dios os guarde.
Irene.»
Amor, si es verdad, ¿qué quiero?
Mil veces lo he de leer,
que aún no lo puedo creer.
Mas si esto miro, ¿qué espero?
¿Qué dudo, que no voy ya   2420
a lograr tanto favor?
Aventúrese el honor,
piérdase cuanto le da
a mi atención la esperanza.
Conmigo se enoje el rey,   2425
amenáceme la ley,
tome su esposo venganza,
vea mi Corona perdida,

crezca en todos el furor
contra mí; y viva mi amor   2430
aunque se pierda la vida.

(Vase y sale Irene.)

(Patio de una quinta. Noche. No hay luz.)

Irene   Temblando de la osadía
               de Demetrio el ciego amor
               espera la atención mía;
               pero ya ha espirado el día,   2435
               con que es el riesgo menor.
               Gran culpa es la que fomento,
               mas disculpa la flaqueza
               viendo en mi ama el sentimiento,
               en su esposo la tibieza   2440
               y en mi maña el rendimiento,
               que es tal que si de mi hablilla
               se vale para su afán,
               rendiré con persuadilla
               la mujer del preste Juan   2445
               al galán de la Membrilla.
               Si él viene, doy por lograda
               su pasión, aunque alborote
               la Quinta su voz honrada,
               porque está tan perdigada   2450
               que la puede hacer gigote.
               ¡Con qué elegante oración
               he movido su inquietud!
               No hay honra a mi tentación;
               señores, la persuasión   2455
               es grandísima virtud,
               y está el príncipe en tocar

esta guitarra que espera.
Muy diestro debe de estar,
pues ha sabido templar   2460
la prima con la tercera.
Mas considerando estoy
en lo poco que me envía,
que un sus no ha habido hasta hoy...
¿Si acaso piensa que soy   2465
alcahueta de obra pía?
Si nada se le derrama
del bolsillo en su trompeta,
¿qué dirá de mí la fama?
Que el perro de la alcahueta   2470
es mayor que el de la dama.
Ruines somos, yo y cualquiera;
por ser rico le soy fiel
sin darme; y si pobre fuera,
por mucho que el pobre diera   2475
no hiciera nada por él;
porque el rico, aunque no da,
da esperanza y se le fía,
y el pobre, aunque dando está,
pensamos que no tendrá   2480
para darnos otro día.
Mas divertirme no puedo,
que aunque está a escuras, alerta
conviene estar al enredo.

(Sale Alejandro y Greguesco.)

Greguesco   Vamos, señor.

Alejandro   Entra quedo,   2485
                   pues está abierta la puerta.

Greguesco	Con eso el indicio allanas.

Alejandro	No hagas ruido.

Greguesco

No haré;
cada vez que siento el pie
pienso que piso avellanas.   2490

Alejandro (Aparte.)

(Mi honor silencio me dé;
la lealtad de este criado
me obliga a fiarme dél,
pues él aviso me ha dado
que a mi deshonra cruel   2495
amaga tan triste estado.)
Dime, que aunque lo imagino,
es mi pena tan cruel
que aun pienso que es desatino:
¿viste bien si era papel?   2500

Greguesco

Ansí tuviera un molino.

Alejandro

Que sin duda aviso fue
de mi ausencia he imaginado.

Greguesco

Yo, señor, no juraré
que ello fue aviso.

Alejandro

¿Por qué?   2505

Greguesco

Porque él no anduvo avisado.

Alejandro

Eso no me da sosiego,
antes crecen los enojos

al ver que yerra en mi fuego.

Greguesco   ¿Por qué?

Alejandro   Porque amor es ciego.   2510

Greguesco   ¿Pues para qué tiene antojos?

Alejandro   Que el rey me llegue a estorbar
             lo que intento averiguar
             temo, porque quiere hacer
             noche en la Quinta.

Greguesco   Tener   2515
             ojo al rey y ojo al amor.

Irene   Ruido siento, el príncipe es.

Alejandro   Tente, que siento rumor.

Irene   Ya es seguro mi interés;
             cadena me dará, pues   2520
             le eslaboné yo el amor.

Alejandro   ¿Quién será?

Greguesco   No hay que dudar,
             que de Irene trae la nota.

Alejandro   ¿En qué se ve?

Greguesco   En el andar:
             es fácil de brujulear   2525
             porque tiene pies de sota.

| Irene | Que es él, mi dicha no ignora. |
| | ¿Señor? |

| Alejandro | ¿Sí? |

Irene	Seas bienvenido,
	porque hallas a mi señora
	con gran desconsuelo agora.	2530

| Alejandro | Cielos, ¿si me ha conocido? |

Irene	Al punto a avisarla voy,
	porque de tu ausencia está
	fuera de sí.

(Vase.)

Alejandro	Sin mí estoy...
	Si ya conocido soy,	2535
	¿qué diré?, ¿qué intento hacer?
	Volverme quiero.

| Greguesco | Detente: |
| | ¿por qué al temor te anticipas? |

| Alejandro | ¿Pues qué he de decirla? |

Greguesco	Miéntele,
	fíngele un dolor de tripas	2540
	que te ha dado de repente.

| Alejandro | ¿Pues por qué la he de decir |
| | que dejo al rey, cuando es ley |

sus asistencias cumplir?

Greguesco   Porque es primero asistir   2545
                 a las tripas, que no al rey.

Alejandro   Pues llegado a conocer,
                 ¿cómo saldré de mi duda
                 si no lo puedo saber?

Greguesco   Para eso puedes hacer   2550
                 que te ordenen una ayuda.

(Salen Aurora e Irene.)

Aurora   ¿Qué dices?

Irene   Que ya está aquí.

Aurora   ¡Ay Irene! El corazón
                 se está saliendo de mí,
                 que no sé qué turbación   2555
                 le tiene fuera de sí.

Irene   Deja ese temor, señora,
                 no malogres la ocasión,
                 pues Alejandro lo ignora
                 y con el rey está agora.   2560

Aurora   Un yelo es mi turbación.

Irene   Ya, señor, podéis salir.
                 Habla pues. ¿En qué reparas?

Aurora   Espera, tú no te has de ir.

| Irene | Luces voy a prevenir | 2565 |
| | para que os veáis las caras. | |

(Vase.)

| Greguesco | Grande es, cierto, tu torpeza. | |
| | Habla, pues te conoció. | |

| Alejandro | Eso causa mi tibieza. | |

Aurora	Señor, no pensaba yo	2570
	deberos esta fineza;	
	vuestra ausencia me tenía	
	ya sin mí, y yo imaginaba	
	que hoy al rey asistiría.	
	Mas ya es la fortuna mía	2575
	mejor que yo la esperaba,	
	porque al paso que lo extraño	
	os lo estoy agradeciendo.	

Alejandro (Aparte.)	(¿Cómo doy crédito al daño?	
	Amor, que lo estás oyendo,	2580
	¿puede haber en esto engaño?)	

Aurora	Y si acaso habéis tenido	
	duda alguna de mi amor,	
	que no la tengáis os pido,	
	porque mi pecho ha vencido	2585
	vuestra fineza, señor.	

Alejandro (Aparte.)	(Cielos, ¿cómo he presumido	
	que hay ofensa entre los dos?	
	Necio, ¿tú creer has podido...?)	

Greguesco (Aparte.)   (Yo, señor, nunca he creído   2590
más de lo que manda Dios.)

Alejandro (Aparte.)   (¿Por qué has dudado? ¿Por qué
en la fe tan sin igual
que me tiene y que se ve?)

Greguesco (Aparte.)   (¡Yo no he dudado en la fe,   2595
miente quien dijere tal!)

Aurora   ¿Qué decís, señor? Ya sé
que ciego dudáis mi amor.

(Sale Demetrio y topa con Alejandro.)

Demetrio   Abierta la puerta hallé,
pero aquí nadie se ve.   2600
Hoy lograré su favor...
Al cuarto entraré. ¿Quién va?

Alejandro (Aparte.)   (¿Qué es lo que escucho? ¡Ay de mí!
¡Un hombre se ha entrado acá!
Válgame Dios, ¿quién será?)   2605

(Apártase Alejandro y pasa adelante Demetrio y topa con Aurora.)

Demetrio   ¿Quién es?

Aurora   Sola estoy aquí,
que en mi fineza prosigo.

Demetrio   ¿Es Aurora?

Aurora

Sí, señor,
¿aún lo duda vuestro amor?

Alejandro (Aparte.)

(Ella cree que habla conmigo;   2610
retirarme yo es mejor
por ver lo que intenta aquí.)

Aurora

Sola estoy con vuestra alteza.

Alejandro (Aparte.)

(¡Ay infelice! ¿Qué oí?
¡Caiga el cielo sobre mí!)   2615

Demetrio

Nunca dudé tu fineza,
Aurora, y si lo has pensado
en vano ha sido el temor
que me has dicho.

Alejandro (Aparte.)

(¡Ay desdichado!)

Demetrio

Mas creí que había encontrado   2620
un hombre aquí.

Aurora

No, señor,
yo sola con vos estaba.

Demetrio

La escuridad causa fue.

Alejandro

([A Greguesco] ¡Ay de mí! ¡Ella le esperaba
y por él conmigo hablaba!)   2625

Greguesco

([A Alejandro] ¿Cómo has dudado en la fe?)

Alejandro

([A Greguesco] Calla y aquí te retira,
que hoy se verá la venganza

mayor que emprendió la ira.
Encúbrete bien.)

Greguesco   ([A Alejandro] Pues mira   2630
que no se yerre la danza.)

Demetrio   ¿Pues cómo a escuras, señora,
sola esperabas aquí?
Mas, ¿cómo mi amor ignora
que las luces de tu Aurora   2635
son bastantes para mí?

Aurora   Al riesgo de estar con vos
esta escuridad previene
el sosiego de los dos.
Mas ya trae luces Irene.   2640

(Sale Irene con luces y pónelas sobre un bufete. Alejandro y Greguesco, ocultos.)

Irene   Buenas noches os dé Dios.

Alejandro (Aparte.) (¡Ah cielos! ¿Qué es lo que veo?
Honor, que lo estás mirando,
¿es cierto? Que de la duda
para no morir me valgo.)   2645

Aurora   ¡Ay de mí! Al veros con luz
no sé qué asombro reparo
en vuestro rostro, señor,
que me asusta un sobresalto.

Demetrio   ¿Asombro en mí, bella Aurora?   2650
¿De qué, si yo te idolatro?

| Irene | Señor, abierta la puerta, |
| | con riesgo aquí estáis hablando. |

Aurora	Mientras yo la cierro, Irene,
	adentro sigue mis pasos	2655
	y nunca me dejes sola.

Irene (Aparte.)   (¡Buen melindre!) Ya lo hago.

Greguesco (Aparte.)   (¡Oh arcaduz, en una noria
te vea yo boca abajo
y por la boca quebrada   2660
se te salgan los livianos.)

Demetrio   ¡Vamos pues!

(Aurora dirigiéndose a parte distinta, en la que está oculto Alejandro.)

Aurora   Cielos, ¿qué veo?
¡Tente, señor! Alejandro,
¿tú la espada contra mí?
¿Qué...? ¿Qué es esto, cielo santo?   2665

Demetrio   ¿Qué haces, Aurora? ¿Qué dices?

Aurora   ¡Alejandro está en mi cuarto!
¡Señor, amparadme vos!

Demetrio   ¿Qué dices? ¿Aquí Alejandro?

Irene   Señora, ¿cómo es posible,   2670
si yo de allá dentro salgo
y está todo el cuarto solo

y él con el rey en el campo?

Demetrio   Mira que ha sido ilusión.

Aurora   Con el acero en la mano   2675
                  le vi, señor, o el temor
                  me le representa airado.

Alejandro (Aparte.)   (¡Oh efecto de honor y fuerza
                  en delito tan tirano!)

Demetrio   Si es fantasía, ¿qué temes?   2680

Irene   Miedo es, señor, pero en vano.

Aurora   ¡Ay, señor, volveos al punto,
                  que al riesgo basta este amago,
                  que acaso el cielo me avisa
                  y a mi honor basta un acaso!   2685

Demetrio   ¿Pues das crédito a una sombra?

Irene   Entra, que ha sido un engaño.

Alejandro (Aparte.)   (Por lograrla mejor solo,
                  ya mi venganza dilato.)

Demetrio   Ven pues, Aurora, que yo   2690
                  iré delante alumbrando.

(Toma una luz.)

Aurora   ¡Ay de mí!

Demetrio	¿Qué es lo que temes?	
Aurora	A mi esposo.	
Demetrio	Yo te amparo.	
Aurora	Yo le vi.	
Demetrio	Fue fantasía.	
Aurora	¡Sin mí estoy!	
Demetrio	Ven, que es en vano.	2695
Aurora	Irene, al punto me sigue.	
Irene	Tras ti voy.	
Demetrio	¿Qué vas dudando?	
Aurora	Que doy, señor, imagino, hacia mi muerte estos pasos.	

(Vanse.)

| Irene | ¿Yo seguirla? No haré tal.
Escurro por otro lado,
que si el príncipe ha de darme
contra mí es irle a la mano. | 2700 |

(Vase.)

| Alejandro | Ahora, honor, a la venganza.
Quédate tú en este paso; | 2705 |

por si vuelve esa criada.

Greguesco   Eso déjalo a mi cargo:
tú a la tuya y yo a la mía,
que también soy yo agraviado.

Alejandro   Ya, honor, tu causa se ha visto   2710
en la sala del agravio,
donde la razón preside;
ya la verdad hizo el cargo
por el fiscal y el delito
contestemente probado   2715
por mí —pues ojos y oídos
en la probanza juraron—.
Callaron duda y amor,
que eran sus dos abogados,
y no hallando la disculpa,   2720
echó la razón el fallo.
Que yo ejecute el castigo
manda la ley de honor sacro,
y ya para la venganza
tomo el acero en la mano.   2725
El corazón se despulsa,
del pecho se arranca a saltos,
rayos arrojan los ojos
y, balbucientes los labios,
titubean las razones.   2730
Ea, honor, ya llegó el plazo;
entra, pues... A andar no acierto,
los pasos yerro temblando,
que un honor escurecido
va dando a ciegas los pasos.   2735

(Vase.)

Gregueso	¡Ea infante vengador,	
	pégala de arriba abajo	
	y muera Irene, esta perra!	
	Mas, ¿por qué ofensa o qué trato,	
	ofensa grande, pues mete	2740
	un galán de contrabando,	
	siendo yo en esta aduana	
	el juez del alcahuetazgo.	
	Mas ya las espadas suenan	
	a almirez de boticario.	2745

(Dentro.)

Aurora	¡Muerta soy!	

Greguesco	Réquiem aeternam	
	famulorum famularum.	

(Salen riñendo.)

Demetrio	Hombre o demonio, ¿quién eres?	

Alejandro	Quien lava su honor manchado.	

Demetrio	Matarete, vive el cielo.	2750

Greguesco	¡Dale, que estoy a tu lado!	

Demetrio	¿No me conoces? ¿Qué intentas?	

Alejandro	Ser contra mí, fiel vasallo,	
	echar mi espada a tus plantas,	
	pues en ti, aunque eres tirano,	2755

no pueden cortar sus filos.
Y pedirte arrodillado
que no me dejes la vida
para sentir el agravio.

(Suelta la espada y se arrodilla.)

Demetrio   Esa lealtad que te templa,   2760
                  ofendido e injuriado,
                  me reporta a mí también
                  para no hacerte pedazos.
                  Vete ya.

Alejandro   Dame la muerte,
                  pues el honor me has quitado.   2765
                  ¡Mátame, señor! ¿Qué esperas?
                  ¡Mátame!

Demetrio   ¡Vete, Alejandro!

(Dentro, el rey.)

Rey   ¡Derribad o abrid las puertas!

Greguesco   ¡El rey es!

Alejandro   Príncipe ingrato,
                  mátame; no me hallen vivo   2770
                  los que han de verme agraviado.

Demetrio   ¡Cielos, empeño terrible!

Alejandro   ¡Ay de mí! ¿Qué estás dudando?
                  ¡Mátame!

Greguesco   ¿Que a mí me dices?

Alejandro   Sí, ¡mátame!

Greguesco   Yo no mato.   2775

Alejandro   ¡Pásame el pecho!

Greguesco   Señor,
                 yo tengo juego y no paso.

Alejandro   Pues yo lo haré con mi acero.

Greguesco   ¡Tente, señor!

Alejandro   ¡Con mis manos
                 me he de matar!

Demetrio   ¡No le dejes!   2780

(Dentro.)

Rey   ¡Entrad adentro del cuarto!

Demetrio   ¡A gran riesgo estoy!

(Sale el rey, Nise, damas, Filipo y toda la compañía.)

Rey   ¿Qué es esto?

Alejandro   ¡Ah crueles, ah tiranos!
                 ¿Que no queréis darme muerte?
                 Pero el cielo tiene rayos;   2785

yo provocaré sus iras.
¡Ahora es tiempo, cielo santo!

Rey

¿Qué es esto? ¿Vos descompuesto
en mi presencia, Alejandro?

Alejandro

Morir quiero, nada temo.   2790
Ya solo morir aguardo.

Rey

¿Qué tenéis? ¿Qué ha sucedido?

Alejandro

Ser para mí el cielo ingrato,
los hombres y los rigores,
pues matarme deseando,   2795
ni su traición lo permite
ni los provoca mi labio.
No quiero vida, no quiero
fama, nombre, honor ni lauro;
solo quiero eterno olvido   2800
en el silencio de un mármol.
Y a vos, señor, que la causa
disteis al dolor que paso,
de mi triste muerte el cielo
os haga el violento cargo.   2805
De leal quedo sin honra
y porque veais que mi agravio
satisfice cuando pude,
volved los ojos al caso.

(Señalando la puerta donde se figura que está muerta Aurora.)

Ésta es, señor, mi desdicha;   2810
lo que ignoráis preguntaldo
al príncipe, que está aquí.

Como noble y leal vasallo
pude lograr mi venganza
Lo demás no está en mi mano.   2815

(Vase.)

Rey   Espera, Alejandro, espera.
           Viven los cielos sagrados,
           que he de restaurar tu honra,
           pues a mí me has hecho el cargo.

Nise   Ni en dolor ni amor hay ojos   2820
           para ver tan triste caso.

Rey   ¿Demetrio?

Demetrio   Señor, si yo...

Rey   No pregunto, sino mando
           que deis la espada a Filipo.

Demetrio   Para obedecer la traigo.   2825

Rey   Llevalde, Filipo, vos,
           de mi guarda acompañado,
           y luego sin dilación,
           en un público teatro
           hacelde sacar los ojos.   2830

Demetrio   Señor...

Rey   ¡Replicáis en vano!
           La ley se ha de ejecutar.
           ¡Oh, viven los cielos sacros,

que con los ojos os haga
sacar el alma, tirano!   2835
¡Ea, llevalde!

Filipo   ¡Ea, venid!

Demetrio   Pues si no hay réplica, vamos.

(Vanse.)

Rey   Llamadme a Alejandro luego.

Nise   Señor, sucedido el caso,
                     aunque el alma me penetra   2840
                     la desdicha de Alejandro,
                     mirad que Demetrio es
                     príncipe que ha de heredaros...
                     ¿Cómo ha de quedar sin ojos?

Rey   Dando ejemplo a mis vasallos,   2845
                     sacro respeto a las leyes,
                     eterno renombre al brazo
                     de mi justicia, y castigo
                     a la ofensa de Alejandro.

Greguesco   Bien haya quien te parió,   2850
                     rey justiciero, rey sabio,
                     rey grande y rey de tapiz,
                     con un cetro y ropón largo.

(Dentro.)
[Voces]   ¡Viva el príncipe!

Rey   ¿Qué es esto?
(Dentro.)

[Voces]   ¡Al príncipe defendamos!   2855

Nise   Señor, ¿qué alboroto es éste?

(Sale Filipo.)

Filipo   Señor, todos conjurados,
                 los grandes de vuestro reino,
                 como leales vasallos,
                 al príncipe librar quieren.   2860

Rey   Pena de traidores mando,
                 que ninguno le defienda.
(Dentro.)
[Voces.]   ¡No está el príncipe obligado
                 a la pena de la ley!

Rey   ¿Qué es «no», traidores? ¡Mataldos!   2865
                 ¡Ah de mi guarda!

(Sale Alejandro.)

Alejandro   Señor,
                 si yo a tus pies soberanos
                 puedo templar el rigor
                 de la justicia en tu brazo...
                 La parte soy agraviada   2870
                 y yo perdono mi agravio
                 porque mi príncipe viva
                 sin falta que importa tanto.

Nise   Y yo, señor, a tus plantas
                 te suplico que en mi hermano   2875
                 se modere este castigo,

pues para honrar a Alejandro
tienes honor y poder.

Rey   Eso intento. Levantaos.
La ley se ha de ejecutar,   2880
que pierde el honor de ley,
si aun por un hijo de un rey
se llegase a quebrantar.
Y mejor podrá reinar
ciego él que con ojos yo,   2885
pues si a él la ley le obligó,
quien fuere della enemigo
temblará de aquel castigo
que en su rey se ejecutó.
No ha de quebrantarse aquí: 2890
dos ojos manda sacar;
uno el príncipe ha de dar
y otro han de sacarme a mí;
piedad y justicia ansí
tendrán en él igualdad.   2895
Pues cuando con majestad
rija el cetro a que le obligo
tendrá en un ojo el castigo
y en el otro la piedad.
Esto, Alejandro, es cumplir   2900
con la fuerza de la ley,
y con tu honor injuriado
es fuerza cumplir también;
y pues yo te debo dar
el honor que te quité,   2905
dando ocasión a tu afrenta,
para restaurarte en él,
con la corona de Atenas,
tuya es Nise.

Nise (Aparte.)   (¿Qué escuché?)

Alejandro   ¡Cielos, qué extraña ventura!   2910

Nise   ¡Dichoso el mal que tal bien
                        ha causado!

Rey   Ea, ¿qué esperas?
                        Da a Nise la mano, pues.

Nise   Llega, Alejandro, a mis brazos.

Alejandro   Con el alma llegaré.   2915

Greguesco   ¡Vivan los dos reyes tuertos
                        a par de Matusalén!
                        Ansí la ley cumplir hizo
                        este valeroso rey.
                        Y si esta historia os agrada,   2920
                        porque verdadera es,
                        dad vuestro aplauso al poeta
                        que la escribe, para que
                        tengan los hombres respeto
                        a la fuerza de la ley.   2925

                        Fin

Libros a la carta

A la carta es un servicio especializado para

empresas,

librerías,

bibliotecas,

editoriales

y centros de enseñanza;

y permite confeccionar libros que, por su formato y concepción, sirven a los propósitos más específicos de estas instituciones.

Las empresas nos encargan ediciones personalizadas para marketing editorial o para regalos institucionales. Y los interesados solicitan, a título personal, ediciones antiguas, o no disponibles en el mercado; y las acompañan con notas y comentarios críticos.

Las ediciones tienen como apoyo un libro de estilo con todo tipo de referencias sobre los criterios de tratamiento tipográfico aplicados a nuestros libros que puede ser consultado en Linkgua-ediciones.com .

Linkgua edita por encargo diferentes versiones de una misma obra con distintos tratamientos ortotipográficos (actualizaciones de carácter divulgativo de un clásico, o versiones estrictamente fieles a la edición original de referencia).

Este servicio de ediciones a la carta le permitirá, si usted se dedica a la enseñanza, tener una forma de hacer pública su interpretación de un texto y, sobre una versión digitalizada «base», usted podrá introducir interpretaciones del texto fuente. Es un tópico que los profesores denuncien en clase los desmanes de una edición, o vayan comentando errores de interpretación de un texto y esta es una solución útil a esa necesidad del mundo académico.

Asimismo publicamos de manera sistemática, en un mismo catálogo, tesis doctorales y actas de congresos académicos, que son distribuidas a través de nuestra Web.

El servicio de «libros a la carta» funciona de dos formas.

1. Tenemos un fondo de libros digitalizados que usted puede personalizar en tiradas de al menos cinco ejemplares. Estas personalizaciones pueden ser de todo tipo: añadir notas de clase para uso de un grupo de estudiantes,

introducir logos corporativos para uso con fines de marketing empresarial, etc. etc.

2. Buscamos libros descatalogados de otras editoriales y los reeditamos en tiradas cortas a petición de un cliente.

www.ingramcontent.com/pod-product-compliance
Lightning Source LLC
Chambersburg PA
CBHW020843150726
48196CB00002B/193